Historia de los nativos americanos

Un apasionante recorrido por las tribus Cherokee, Chickasaw, Choctaw, Creek y Seminole junto con el Sendero de las Lágrimas

Índice

Primera Parte: Tribus nativas americanas

Una guía apasionante de los cheroquis, chickasaw, choctaw, creek y seminolas

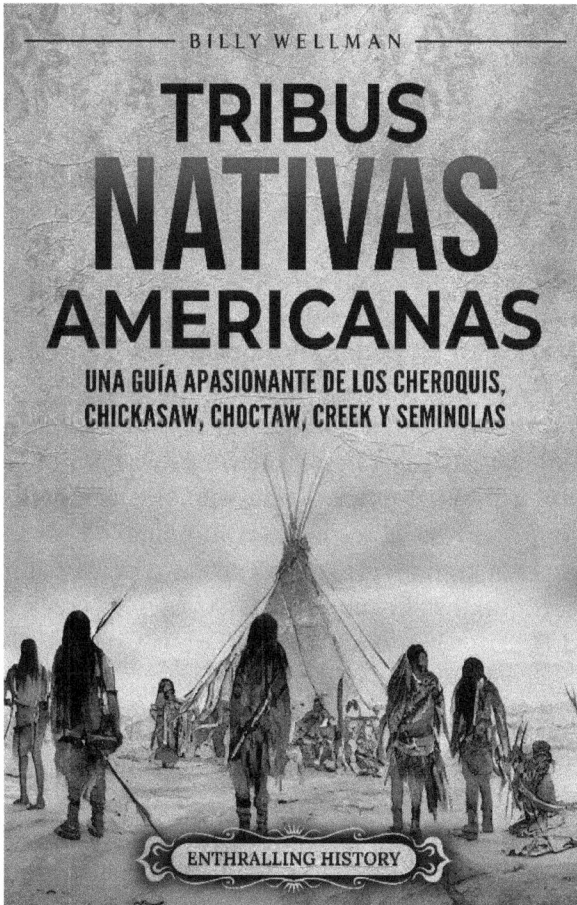

Introducción

La frase «Historia de los nativos americanos» puede inducir a error. Por ejemplo, considere el nombre «nativos americanos». Seguramente debería incluir a todos los pueblos indígenas de las grandes masas continentales de Norteamérica y Sudamérica. Sin embargo, «nativo americano» no suele incluir a las civilizaciones de Centroamérica y la península de Yucatán: maya, olmeca y azteca. Esta denominación tampoco engloba a los diversos grupos que vivieron y aún viven en la cordillera de los Andes o en la vasta cuenca del Amazonas. «Nativo americano» también puede referirse a los pueblos inuit del ártico y a los nativos hawaianos. Para propósitos de este libro, «nativo americano» se refiere exclusivamente a los pueblos indígenas que vivían en lo que hoy es el territorio continental de los Estados Unidos de América. Más concretamente, nos centramos principalmente en cinco pueblos: los cheroqui, los choctaw, los chickasaw, los creek y los seminola. En siglos pasados, se los llamó las «Cinco Tribus Civilizadas».

Esta denominación es, por supuesto, incorrecta. Lo que los primeros eruditos intentaban decir al dar a estas tribus el apelativo de «civilizadas» es que intentaban adoptar las señas de identidad de la sociedad estadounidense. Estos nativos americanos se ponían trajes y vestidos, hablaban inglés y se convertían al cristianismo. Los hombres se cortaban el pelo y las familias vivían en asentamientos permanentes donde se dedicaban a la agricultura. Algunos de ellos también poseían esclavos. Esto era, para los primeros eruditos|, lo que los hacía civilizados y los diferenciaba de las tribus que seguían vistiendo ropas tradicionales y viviendo en aldeas semipermanentes donde adoraban a sus propios dioses y hablaban sus propias lenguas.

Uno de los criterios de civilización en la mente occidental es la escritura. Se cree que la escritura diferencia al hombre civilizado de los animales. Muchos nativos americanos no tenían tradición de escritura. No tenían alfabetos y se creía que no tenían registros de su propia historia, aunque esto resultaría ser incorrecto.

Uno de los mayores problemas de los colonos europeos a la hora de comprender a los nativos americanos fue no darse cuenta de que habían entrado en un mundo cuya situación se había alterado recientemente. Antes de que los colonos ingleses desembarcaran en Jamestown y la plantación de Plymouth Rock, la población nativa americana se había visto sacudida por guerras, hambrunas y enfermedades. La invasión de los europeos en América Central provocó olas de cambio que se extendieron por todo el mundo. Había comenzado un intercambio que continúa hoy en día: intercambio de personas, ideas, bienes, flora y fauna, tanto visible como invisible. Para los nativos americanos, esta época parecía el fin del mundo y, en muchos sentidos, lo era. Su mundo, tal como había existido antes de las colonias europeas, había desaparecido. Por tanto, se enfrentaban a la disyuntiva de luchar, asimilarse o retirarse ante la expansión de los europeos. Las Cinco Tribus Civilizadas eligieron las tres opciones en distintos momentos. Se aliaron con una potencia europea para luchar contra otra. Lucharon contra y a favor de los líderes estadounidenses. Lucharon en los campos de batalla y en los tribunales. Algunas intentaron integrarse en la sociedad estadounidense, construyendo escuelas para enseñar a sus hijos a parecer, comportarse y sonar como estadounidenses. Se trasladaron muchas veces, tanto de forma independiente como en el marco de migraciones forzadas. Hoy, muchos de ellos intentan salvar sus culturas, lenguas y religiones tradicionales.

Este libro intentará contar su historia, la historia de esas cinco tribus. No se remontará a un pasado lejano, ni podrá abarcar los problemas modernos de la comunidad nativa americana. Pero sí contará la historia de cómo un grupo de personas se enfrentó a un mundo que había cambiado repentina y drásticamente —y que seguía cambiando—, y cómo se enfrentaron a estos cambios como nativos americanos.

PRIMERA SECCIÓN:
LAS TRIBUS CIVILIZADAS

Capítulo 1: Cheroqui

La Nación Cheroqui formaba parte originalmente de una cultura más amplia que ahora se denomina cultura misisipiana. Esta cultura, que existió en todo el Medio Oeste y Sureste de Estados Unidos, se destacaba por sus grandes ciudades con pirámides de tierra centrales de punta plana. En ellas vivían personas sagradas y se construían templos. Una de las ciudades más grandes era Cahokia, en la actual Illinois. Esta ciudad, que alcanzó su apogeo en el 1200 de nuestra era, tenía una población estimada de más de 70.000 habitantes. Sin embargo, la cultura misisipiana pronto sería diezmada por un invasor invisible.

Comenzó, quizá sorprendentemente, a 4.500 millas del valle del río Misisipi, en el año 1500 de nuestra era, cuando nació un niño llamado Hernando de Soto, solo ocho años después de que Colón navegara hacia el Nuevo Mundo en representación de España. De Soto creció soñando con seguir los pasos de Colón, así que, cuando tuvo edad suficiente, viajó a las Indias Occidentales y se hizo un nombre como buen soldado. Fue nombrado segundo al mando de la expedición de Francisco Pizarro para conquistar lo que se convertiría en Perú. En 1536, de Soto regresó a España enriquecido y se instaló en Sevilla.

Sin embargo, pronto se sintió inquieto y el 25 de mayo de 1539 desembarcó con 700 hombres en Florida. Viajaron hacia el norte, a lo que se convertiría en el estado de Alabama, y se encontraron con la resistencia de los nativos americanos. Luego se dirigieron hacia el oeste, al Misisipi, convirtiéndose en los primeros europeos en viajar por ese río. De Soto y sus hombres se encontraron con numerosas y florecientes poblaciones de nativos americanos. Viajaron a Carolina del Norte y, en un lugar llamado Xualla, conocieron al pueblo tsalagi, hoy conocido como Cheroqui. Los tsalagi le dieron comida y regalos, y Soto siguió su camino en busca de oro en los montes Apalaches. Sin embargo, él y sus hombres dejaron atrás algo de lo que ni ellos ni los tsalagi eran conscientes: la enfermedad. Debido a la introducción de enfermedades europeas como la viruela y la escarlatina, las poblaciones de nativos americanos en Norteamérica cayeron en picado a partir de 1500. Hacia 1600, las ciudades del Misisipi habían sido abandonadas y la población se había dispersado en confederaciones de pequeñas aldeas o grupos de parentesco. Los tsalagi continuaron, pero su número disminuyó. El propio De Soto enfermó de fiebre y murió en 1542; su grupo se había reducido a la mitad debido a las batallas con los nativos americanos y a las enfermedades.

Según la tradición cheroqui, su pueblo vivía originalmente en una tierra de constantes inundaciones. Deseosos de escapar de esta situación, intentaron construir una casa que llegara hasta el cielo. Los dioses destruyeron parte de su torre, pero siguieron construyendo. Los dioses volvieron a destruirla, y esta vez decidieron salir de la zona inundada. Viajaron desde su antiguo país a una nueva tierra. El viaje duró muchos años, y su camino se oscureció cuando el agua lo cubrió. En su nueva tierra, encontraron abundantes lugares para cultivar maíz y otras cosechas, así como caza para obtener carne. Su tribu estaba formada por siete clanes, y tenían siete ciudades clave entre muchas docenas.

A mediados del siglo XVII, tras el colapso de las grandes ciudades del Misisipi, los cheroquis se habían convertido en la nación más grande del sudeste. Ocupaban 40.000 millas cuadradas en el oeste de Carolina del Norte y el este de Tennessee.

La Nación Cheroqui era principalmente una confederación de pueblos, y un consejo de «Hombres Amados» gobernaba cada pueblo. Las mujeres gozaban de un estatus elevado y podían convertirse en líderes políticas. Los cheroquis eran agricultores que cultivaban maíz, judías, melones, tabaco y girasoles; cazaban para obtener su carne y podían forrajear en los abundantes bosques cuando fallaban las cosechas. Un visitante de principios del siglo XVIII se encontraría primero con los «campos del pueblo», donde toda la población trabajaba junta. Las cosechas de estos campos eran guardadas por el jefe y utilizadas para los visitantes, los pobres y las emergencias. A medida que el visitante se adentraba en el corazón del pueblo, atravesaba un bloqueo defensivo hecho con postes de madera. Dentro de este muro había viviendas individuales. Las casas de los cheroquis solían constar de cuatro edificios: cocina, almacén y viviendas de invierno y verano. Se construían con bahareque y adobe, ya que los cheroquis aún no conocían las hachas de hierro. En el centro de la ciudad había una plaza de tierra compactada rodeada de cuatro edificios utilizados para las reuniones con el consejo municipal. En esta zona, la comunidad celebraba rituales y festivales, y en el mismo centro había un fuego.

Los cheroquis tenían un complicado sistema de creencias religiosas. Uno de los elementos era el simbolismo de los puntos cardinales. Para los cheroquis, el Este se asociaba con el color rojo y el éxito, el Norte con el azul y la derrota, el Oeste con el negro y la muerte, y el Sur con el blanco y la pureza. Creían firmemente en la idea de que el blanco era puro y representaba la felicidad. Esto influiría en su forma de tratar a los nuevos visitantes blancos. Creían que la tez clara de estos extraños significaba que debían ser abordados pacíficamente y como huéspedes de honor. Por lo tanto, fue bastante confuso para muchos cheroquis cuando los blancos que los visitaron a principios del siglo XVIII no parecían ser criaturas de pureza y paz, sino en realidad criaturas de guerra.

Más tarde, los franceses trataron con los cheroquis, pero fueron los británicos quienes establecieron una relación oficial con la tribu. En 1729, la colonia de Carolina pasó a manos de la Corona y se dividió en Carolina del Norte y Carolina del Sur. Charles Town, en Carolina del Sur, se había convertido en un ajetreado puerto dedicado al comercio de arroz, índigo y esclavos. En esta colonia británica se había desarrollado un sistema de plantaciones que dependía de los africanos esclavizados. De hecho, los esclavos superaban en número a los colonos. Antes de esto, había existido un comercio de esclavos nativos americanos en el que los cheroquis capturaban a personas de otras tribus y las entregaban a los británicos a cambio de herramientas, armas y pólvora. Los esclavos nativos americanos eran enviados desde Charles Town al Caribe para trabajar en las plantaciones. El comercio de esclavos nativos americanos había desaparecido en su mayor parte tras una guerra entre 1715 y 1717 con la tribu Yamasee y varios aliados, entre ellos los cheroquis. Los cheroquis siguieron comerciando con los británicos en las colonias de Virginia y Carolina, pero no existía ningún tratado oficial entre ellos. Fue en el año 1729 cuando sir Alexander Cuming, 2º barón, pisó los muelles de Charles Town con una misión en mente.

Cuming era un noble escocés cuya fortuna familiar prácticamente había desaparecido. Según cuenta, había decidido ir a Carolina del Sur por el sueño de su esposa. Se desconoce qué le impulsó exactamente a emprender el arduo viaje al corazón de la Nación Cheroqui. No era, como dijo a los cheroquis, un representante oficial del rey de Inglaterra. De hecho, no tenía autoridad para establecer acuerdos entre los cheroquis e Inglaterra, pero eso es exactamente lo que hizo. En aquella época, los cheroquis se agrupaban en tres zonas principales: los pueblos de Overhill, en el este de Tennessee, los pueblos del centro, en el oeste de Carolina del Norte y el norte de Georgia, y los pueblos bajos, en el oeste de Carolina del Sur. Cuming viajó primero a los pueblos bajos y sedujo a los cheroquis presentándose como representante del rey Jorge. Después de viajar a los pueblos del centro, se enteró de la existencia de una corona Cheroqui, la corona de Tannassy, hecha de piel de zarigüeya teñida de amarillo o rojo. Se dirigió entonces a los pueblos de Overhill para encontrar la corona y llevársela para ponerla a los pies del rey.

Cuming se ganó el favor de Moytoy de Tellico, que esperaba suceder al anterior líder de los cheroquis, Wrosetasatow, recientemente fallecido. En una reunión celebrada en Nikwasi en abril de 1730, Cuming declaró a Moytoy emperador de todos los cheroquis. A continuación, exigió que los cheroquis entregaran su corona, las plumas sagradas del águila y las cabelleras de sus enemigos y prometieran lealtad al rey Jorge. Cuming entregó la corona, las plumas de águila, las cabelleras y siete cheroquis al rey Jorge en junio de 1730. Se redactó entonces un tratado formal por el que se declaraba a los cheroquis leales súbditos británicos. Cuming solicitó ser nombrado embajador y señor de los cheroquis, pero su petición fue denegada. Cuming acabaría más tarde en la prisión de deudores, luego en Jamaica, y escribiría sus memorias antes de su muerte en 1775.

Moytoy murió poco después en combate. Los británicos trataron de poner a su hijo en su lugar como emperador de los cheroquis, pero estos no estaban acostumbrados a un solo gobernante, y los roles de liderazgo no se heredaban, se ganaban. El hijo de Moytoy fue usurpado por un líder llamado Conocotocko, o «Old Hop». Aun así, los cheroquis no reconocieron un único gobernante sobre toda la tribu. Un pueblo Cheroqui podía llegar a un acuerdo con los ingleses, mientras que otro pueblo podía llegar a otro acuerdo con los franceses. Los ingleses podían considerar esto una traición, pero para los cheroquis no tenía importancia, ya que cada pueblo o grupo de pueblos era libre de hacer lo que más le conviniera.

El comercio se convirtió en un elemento clave de la vida de los cheroquis a mediados del siglo XVII. No fabricaban las armas que utilizaban para cazar ni sus ropas; tenían que depender del comercio para obtener estas cosas. Normalmente, intercambiaban pieles por artículos, principalmente de los británicos. Para conseguir un solo rifle, los cheroquis tenían que proporcionar siete pieles de ciervo o catorce de liebres. El precio de una manta era de tres pieles y un par de zapatos costaba dos pieles. Los cheroquis se quejaban de que los precios eran demasiado altos, pero los comerciantes británicos afirmaban que eran demasiado bajos. Los británicos esperaban aprovechar su posición para obtener cada vez más pieles de los cheroquis y utilizarlos para poner las cosas difíciles a sus enemigos, los franceses y los españoles.

Mientras los europeos manipulaban a los nativos americanos, los cheroquis competían internamente entre sí por el poder. Uno de los más poderosos entre los cheroquis era *Attakullakulla*, o «Pequeño Carpintero», que había estado entre los cheroquis que Alexander Cuming había llevado a Londres para ver al rey. El Pequeño Carpintero había pasado varios años prisionero entre los ottawa. A su regreso a su tierra natal, parecía creer que el mejor interés de los cheroquis era continuar su incómoda alianza con Gran Bretaña, que él creía que ganaría en la próxima guerra entre franceses e ingleses.

Diez años después del viaje de Alexander Cuming a la Nación Cheroqui, se produjo un brote de viruela que, al parecer, acabó con la mitad de la población en cuestión de meses. Muchos cheroquis lo tomaron como un castigo divino. Los franceses intentaron aprovecharlo para sembrar la discordia entre los cheroquis y los ingleses. Enviaron a un agente que dijo a los cheroquis que los ingleses habían propagado la enfermedad a propósito. Los ingleses estaban preocupados. Los cheroquis representaban un amortiguador defensivo entre ellos y los nativos americanos aliados de los franceses. En 1755, los ingleses acordaron construir fuertes para proteger a los cheroquis. A cambio, los cheroquis les proporcionarían guerreros para sus batallas contra los franceses. El fuerte más conocido era Fort Prince George, en el noroeste de Carolina del Sur, junto al río Keowee.

La paz no duró mucho. En 1758, la milicia de Virginia atacó a Moytoy en represalia por el supuesto robo de unos caballos. Moytoy, a cambio, dirigió incursiones contra los ingleses. Este fue el comienzo de la guerra anglo-cheroqui, que duraría de 1758 a 1761. Este conflicto se produjo en medio de una guerra mayor, conocida hoy como la guerra franco-india, que duró de 1754 a 1763.

Los cheroquis habían comenzado la guerra franco-india como aliados de los ingleses; sin embargo, los franceses llevaban tiempo cortejando a los líderes cheroquis. Old Hop, ya muy anciano, era partidario de los franceses, al igual que otros líderes como Raven, Mankiller y el sobrino de Old Hop, Standing Turkey (*Pavo parado*). Después de que Moytoy dirigiera los ataques contra los británicos, dieciséis prisioneros cheroquis fueron asesinados en Fort Prince George. A continuación, los cheroquis atacaron y mataron a la guarnición de Fort Loudon, cerca de la poderosa ciudad cheroqui de Chota. También en 1758, varios cheroquis, tras ayudar a los británicos a atacar el fuerte francés de Duquesne, fueron asesinados por milicianos de Virginia tras un malentendido relacionado con unos caballos.

En 1759, los cheroquis declararon la guerra abierta a los británicos. Los británicos dejaron inmediatamente de suministrar pólvora a los cheroquis. En respuesta, los cheroquis enviaron veintinueve jefes a negociar, pero estos representantes fueron hechos prisioneros y retenidos en Fort Prince George. Los cheroquis siguieron atacando los asentamientos británicos y asaltaron Fort Prince George para rescatar a los prisioneros. Mataron al comandante del fuerte, pero su sustituto hizo masacrar a todos los prisioneros. Los cheroquis siguieron asaltando asentamientos y se adentraron en Carolina del Norte. Se envió un ejército de 1.200 soldados británicos para detener a los cheroquis, pero fueron derrotados. Los cheroquis tomaron entonces Fort Loudon.

En 1761, un nuevo ejército británico de 2.600 hombres derrotó a los cheroquis en Echoee Pass y destruyó quince pueblos cheroquis. Tras su derrota, los cheroquis apartaron a Standing Turkey del poder; Old Hop había muerto años antes. En su lugar, como «primer hombre amado», quedó Attakullakulla (Pequeño Carpintero), que era decididamente partidario de los británicos. Los cheroquis firmaron un tratado de paz con Virginia y también con Carolina del Sur.

Para verificar que las hostilidades habían terminado para todos los cheroquis, la Colonia de Virginia envió a un hombre llamado Henry Timberlake a través de los montes Apalaches y a los pueblos cheroquis de Overhill para entregar copias del tratado a los «hombres amados» (jefes) de esos pueblos. Timberlake permaneció varios meses como invitado personal del jefe cheroqui Ostenaco. Llevó un registro de su experiencia que ha llegado hasta nuestros días. En él, Timberlake explica que en los oscuros y humeantes confines de lo que él llama la «casa del pueblo», Ostenaco le explicó que el sangriento *tomahawk* (hacha de guerra) que se había levantado contra los ingleses quedaría ahora enterrado en lo más profundo de la tierra, para no volver a levantarse jamás. Timberlake, Ostenaco y toda la gente se reunieron en la casa del pueblo, donde Timberlake creía que podían sentarse 500 personas, y fumaron las pipas de la paz que se repartieron. El tiempo que Timberlake pasó con los cheroquis estuvo cargado de tensión porque llegaban rumores de que los ingleses habían matado a más cheroquis, pero Ostenaco mantuvo la calma y dijo que solo creería las noticias si procedían de una fuente creíble. Attakullakulla estaba a punto de llegar, pero antes de que lo hiciera, un grupo de guerreros regresó con cuatro cabelleras que habían obtenido en una batalla con los shawnee, incluido al menos un soldado francés. Parecía que los cheroquis seguirían siendo aliados de los británicos. Sin embargo, la situación siguió siendo problemática hasta la Revolución estadounidense.

En marzo de 1775, Attakullakulla y otros jefes acordaron vender una gran parte de sus tierras a la Transylvania Company dirigida por Richard Henderson, un especulador de tierras que esperaba crear una nueva colonia. Estas tierras, que se convertirían en gran parte de Kentucky y Tennessee central, sumaban veinte millones de acres al norte del río Cumberland y al sur del río Ohio. A cambio, los cheroquis recibieron unas 10.000 libras esterlinas de bienes que necesitaban desesperadamente. Esta Colonia de Transylvania duraría poco. La Asamblea de Virginia y el Congreso Continental se negaron a reconocer la reclamación de Henderson, ya que, en primer lugar, no había obtenido permiso para realizar la venta. Tuvo agentes, sobre todo Daniel Boone, explorando la zona durante diez años antes de la compra, pero en lugar de eso, Virginia tomó la porción de Kentucky y la convirtió en parte de su colonia.

El hijo de Attakullakulla, Dragging Canoe (*Canoa arrastrada*), vio la venta de gran parte de sus tierras como una traición a su pueblo. Esta nueva generación pensaba que los angloamericanos destruirían a los cheroquis, igual que las tribus de Nueva Inglaterra y Virginia. Dragging Canoe pensaba que los nativos americanos debían abandonar las costumbres de los blancos, incluido el cristianismo, y luchar contra la expansión y la opresión de los blancos en su tierra.

Cuando llegó la Revolución estadounidense, Dragging Canoe y muchos otros se separaron de los cheroquis y se aliaron con los británicos.

Atacaron los asentamientos estadounidenses, y los estadounidenses atacaron a su vez las aldeas cheroquis. Muchos cheroquis se vieron desplazados y Dragging Canoe los condujo a nuevos asentamientos en el arroyo Chickamauga. Pronto se les unieron otros cheroquis, creeks, tories y esclavos negros fugitivos. Este grupo recibió el nombre de Chickamauga. Los estadounidenses atacaron estos asentamientos mientras la mayoría de los guerreros estaban fuera luchando por los británicos. En lugar de intentar reconstruir, Dragging Canoe formó cinco nuevos asentamientos a lo largo del río Tennessee. Por aquel entonces, John Donelson conducía a un grupo de mujeres y niños en lanchas a una zona que había comprado a Richard Henderson y que se convertiría en Nashville, Tennessee. La hija de Donelson, Rachel, iba con él. Los chickamauga atacaron las lanchas mientras avanzaban por el río, matando a muchos de los miembros del grupo. Rachel sobrevivió y se casó con un joven llamado Andrew Jackson, futuro presidente de Estados Unidos.

En 1785, el jefe cheroqui Corn Tassel (*Borla de maíz*) firmó el Tratado de Hopewell, que establecía las fronteras entre los nuevos Estados Unidos de América y las tierras cheroquis, prometiendo que ningún blanco se asentaría en sus tierras. Pero la relación entre los cheroquis y los estadounidenses siguió siendo conflictiva y se cometieron crímenes por ambas partes. Los cheroquis cedieron tierras al gobierno estadounidense a cambio de anualidades y bienes.

En 1821, los cheroquis tenían su propio alfabeto y muchos aprendieron a leer y escribir rápidamente. En 1828, ya tenían su propio periódico, el *Cherokee Phoenix*.

Los estadounidenses empezaron a presionar a los cheroquis para que abandonaran sus tierras natales y emigraran a tierras al oeste del río Misisipi, pero los cheroquis estaban divididos ante la idea. Sin embargo, en 1835, 500 cheroquis que decían representar a toda su nación firmaron un tratado en New Echota que establecía el traslado forzoso de los cheroquis a cambio de 5 millones de dólares y tierras en la actual Oklahoma. Al principio, solo 2.000 cheroquis se marcharon voluntariamente. El gobierno federal envió entonces 7.000 soldados para obligar al resto de los cheroquis a recorrer los 1.200 kilómetros de lo que se llamaría el Sendero de las Lágrimas. Por el camino, se calcula que un 25% murió de enfermedad, hambre y agotamiento.

A finales del siglo XIX, los chamanes y líderes culturales cheroquis empezaron a recopilar las diversas historias, proverbios, sabiduría y medicina de su nación de forma que pudieran compartirse con el mundo exterior. Eruditos blancos como James Mooney vivieron entre los cheroquis y aprendieron de los nativos cheroquis como Swimmer (Ayunini) el chamán, John Ax, Gahuni, y otros sobre el rico patrimonio cultural de los cheroquis.

Capítulo 2: Choctaw

Antes de verse obligados a ir al oeste, los choctaw vivían en el suroeste de Alabama y el sur de Misisipi. Al igual que los cheroquis, durante los siglos XVII y XVIII se vieron atrapados entre las crecientes potencias de España, Francia e Inglaterra y compitiendo con sus tribus vecinas, como los creek y los chickasaw. La llegada de los europeos a la región choctaw no supuso una gran conmoción para la tribu, ya que, según su tradición, el Creador había dado vida a muchas parejas diferentes de primeros humanos. Los europeos eran vistos como un grupo más al que el Creador había dado vida.

Antes de la llegada de los europeos, la agricultura ya era una parte importante de la vida cotidiana de los choctaw. A menudo cultivaban excedentes de maíz y comerciaban con otras tribus, y luego con los colonos europeos. Participaban en el comercio de esclavos de los nativos americanos e intercambiaban pieles, maíz y otros cultivos por telas, armas, alcohol y herramientas. Los comerciantes europeos solían casarse con mujeres choctaw, y sus hijos, considerados «mestizos», por lo general sabían leer y escribir, eran educados y hablaban tanto una lengua europea como su lengua nativa. Esto los llevó a ocupar muchos puestos de poder dentro de la sociedad choctaw.

Algunos de los choctaw se introdujeron en el mercado agrícola de las colonias europeas, especialmente las británicas, perdiendo en el proceso casi toda su herencia nativa americana. La cooperación de los líderes choctaw se compraba a menudo con dinero y regalos, y los misioneros intentaban regularmente convertirlos al cristianismo y convencerlos de que adoptaran un estilo de vida más europeo. Los choctaw ya habían copiado a los europeos en un aspecto: ya en 1720 empezaron a poseer esclavos negros.

Como a muchos nativos americanos del sudeste, a los choctaw les gustaban los deportes, especialmente el *stickball*, o *ishtaboli*, que aún se practica hoy en día. Este deporte tiene pocas reglas, y los partidos pueden tener un número casi ilimitado de jugadores y durar días. Se juega con una pelota, o *Towa*, hecha de tiras de cuero, que se maneja con palos con copas (*Kapucha*) que los jugadores utilizan para intentar golpear los postes de la portería situados a ambos extremos del campo. Históricamente, este juego se utilizaba para resolver disputas entre tribus y familias. También mantenía a los guerreros en condiciones de luchar.

Los choctaw se aliaron por primera vez con los franceses en 1729 para aniquilar a los natchez, una tribu vecina. Los natchez formaban parte originalmente del cacicazgo Quigualtam que de Soto conoció en 1542 o 1543. Tras la pérdida de su población a causa de las enfermedades europeas, los natchez se dividieron en cinco distritos de asentamiento conocidos como Flour, Jenzenaque, White Apple, Grigra y Tiou. Al igual que los choctaw, los natchez eran agricultores, cazadores y guerreros a los que les gustaba el *stickball*. En la década de 1720, los ingleses pusieron a los natchez en contra de los franceses. Los natchez se alzaron contra los franceses, pero fueron derrotados por una alianza de otras tribus, como los choctaw, los cheroquis, los creek y los chickasaw. Los natchez fueron diezmados y obligados a abandonar su tierra natal.

Sin embargo, los franceses perderían la guerra franco-india en 1763, y los choctaw sufrirían por su lealtad a los franceses. Los británicos se apoderaron de algunas de las tierras choctaw en Misisipi, y parte de la tribu optó por ir más al oeste en busca de más tierras. Aun así, muchos choctaw siguieron siendo prósperos gracias a su dedicación a la agricultura y el comercio. Seguían poseyendo grandes extensiones de tierra, desde las que podían vender cosechas y ganado a otras tribus y colonos europeos.

Sin embargo, la formación de Estados Unidos supuso nuevos retos para los choctaw. En enero de 1786, los choctaw de las estribaciones de las montañas Smoky (Humeantes) firmaron el Tratado de Hopewell con representantes de Estados Unidos. Las disposiciones del tratado eran el cese de algunas tierras y una promesa de paz perpetua. Se acordó que ningún estadounidense se asentaría en tierras choctaw y que cualquier estadounidense que cometiera un delito contra cualquier choctaw sería castigado. Estados Unidos concedió protección a la tribu. Se fijaron las fronteras entre ambos y los choctaw acordaron informar a Estados Unidos si alguien planeaba iniciar hostilidades contra los estadounidenses. El problema persistente era que los estadounidenses codiciaban cada vez más las tierras choctaw, y el gobierno se veía constantemente presionado para arrebatar más y más tierras a las tribus nativas americanas del sudeste.

Jefe Pushmataha

En 1798 se creó el Territorio del Misisipi y, en 1800, el presidente Thomas Jefferson dejó claro que quería que Estados Unidos controlara toda la tierra al este del río Misisipi, incluida toda la tierra natal de los choctaw. Como consecuencia, la tribu tuvo que negociar el control de sus tierras con agentes estadounidenses. En 1801, los choctaw firmaron el Tratado de Fort Adams, por el que cedían casi tres millones de acres de tierra al gobierno estadounidense. Al año siguiente, firmaron el Tratado de Fort Confederation, que añadió otros 10.000 acres a las tierras estadounidenses. Al año siguiente, firmaron el Tratado de Hoe Buckintoopa. Luego, en 1805, firmaron el Tratado de Mount Dexter, cediendo más de cuatro millones de acres.

Uno de los firmantes del tratado fue Pushmataha, también conocido como el «general indio». Pushmataha fue uno de los tres jefes regionales de los choctaw durante el siglo XIX y a menudo se lo considera el más grande de los jefes choctaw. Su nombre suele traducirse como «mensajero de la muerte», y era muy conocido entre los choctaw por sus habilidades como luchador y cazador.

En 1811, el jefe shawnee Tecumseh recorría los poblados choctaw para intentar persuadirlos de que se unieran a su coalición de nativos americanos para aliarse con los británicos y luchar contra los estadounidenses en lo que se convertiría en la guerra de 1812. Pushmataha rechazó la propuesta de Tecumseh, lo que llamó la atención del gobierno estadounidense, que se dirigió a Pushmataha como posible aliado. Los creek «bastones rojos» (*Red Sticks*) habían atacado a los estadounidenses en Fort Mims, y Pushmataha vio en ello una oportunidad para reunir a los choctaw y luchar contra su viejo enemigo, los creek. En 1813, Pushmataha fue nombrado capitán del ejército estadounidense y formó un batallón de voluntarios choctaw para ayudar a los estadounidenses a derrotar a los creek y a los británicos. Posteriormente fue ascendido a teniente coronel. Pushmataha y sus hombres derrotaron a los creek en la batalla de Econachaca, también llamada Holy Ground (Tierra Santa), en diciembre de 1813, y de nuevo a lo largo del río Tombigbee en 1814. Su éxito le valió muchos elogios y fue ascendido a general de brigada.

Una vez concluida la guerra de 1812 y derrotados los británicos junto con la alianza de Tecumseh, Pushmataha regresó a su tierra natal para representar al pueblo choctaw. Bajo amenazas directas del presidente Andrew Jackson, Pushmataha y otros jefes firmaron el Tratado de Doak's Stand en 1820, por el que renunciaban a más de cinco millones de acres —la mitad de las tierras choctaw— a cambio de tierras al otro lado del río Misisipi, en lo que se convertiría en Arkansas. Pushmataha alegó que la tierra que recibían no era tan buena como la que cedían. Finalmente, Jackson declaró que si no aceptaban las condiciones, su nación sería destruida. Los choctaw, al no ver nada mejor, se vieron obligados a firmar el tratado. En 1824, Pushmataha y otros jefes viajaron a Washington para expresar su preocupación por los términos del tratado. Poco después de llegar a la capital, Pushmataha cayó enfermo y murió el 24 de diciembre, exactamente once años después de su famosa victoria en la batalla de Holy Ground.

Pushmataha no fue el único líder choctaw que murió en este viaje a Washington. El jefe Apukshunnubbee también murió de una fractura de cuello tras caer por un acantilado. La muerte de estos dos grandes hombres mermó la capacidad de los choctaw para negociar con Washington. Seis años después, se firmó el Tratado de Dancing Rabbit Creek. Los choctaw estaban liderados por Greenwood LeFlore, un nativo americano «mestizo» que formaba parte de la élite choctaw, aunque no era del agrado de los choctaw «puros». LeFlore animó a los choctaw a establecer asentamientos permanentes, dedicarse a la agricultura, convertirse al cristianismo y enviar a sus hijos a escuelas estadounidenses para su educación. Sin embargo, con la elección de Andrew Jackson y la eventual aprobación de la Ley de Traslado Forzoso de Indios, se hizo evidente que los choctaw, que no podían oponer ninguna resistencia armada, se verían obligados a abandonar sus tierras natales. En Dancing Rabbit Creek, LeFlore explicó que muchos de los choctaw abandonarían el Misisipi e irían al oeste, pero quería que el tratado estableciera que a los choctaw que decidieran quedarse se les concederían tierras y la ciudadanía estadounidense. Así se acordó y se firmó el tratado.

Los choctaw se convirtieron entonces en la primera tribu en emprender el largo viaje desde sus tierras natales hasta el Territorio Indio de Oklahoma, en el Sendero de las Lágrimas. El gobierno estadounidense no cumplió su promesa de dar tierras y ciudadanía a los choctaw que permanecieron en Misisipi. Sus tierras fueron regaladas a colonos blancos, y pasarían muchos años antes de que los choctaw de Misisipi recibieran el reconocimiento de Estados Unidos. Varios miles de los choctaw que recorrieron el Sendero de las Lágrimas perecieron en el camino.

Antes de iniciar el viaje, se hizo un censo de los choctaw que viajaban hacia el oeste. Había 17.693 choctaw, 151 blancos y 521 personas esclavizadas. El primer grupo que viajó al oeste bajo supervisión federal sufrió las consecuencias de la lluvia y de un horrible invierno. El siguiente grupo se enfrentó a brotes de cólera. Para el otoño de 1833, 6.000 choctaw permanecían en Misisipi y se negaban a marcharse. En total, más de 2.500 personas murieron durante la emigración. A finales de la década de 1830, la nación choctaw de Oklahoma formó un gobierno que reflejaba el de Estados Unidos. Tenía poderes judicial, ejecutivo, legislativo y militar. Solo los choctaw varones podían votar. Cuatro jefes de distrito formaban el poder ejecutivo y el Consejo General el legislativo. Las mujeres y todas las personas de ascendencia africana no podían votar ni ocupar ningún cargo, lo cual es interesante porque las mujeres habían desempeñado durante mucho tiempo papeles importantes en la cultura choctaw y eran las principales agricultoras de su sociedad.

Tras su traslado, los choctaw tuvieron un breve periodo de recuperación bajo sus nuevas leyes en su nueva tierra. Desde principios del siglo XIX producían algodón y disfrutaban de sus beneficios. Se dedicaban a la agricultura en grandes plantaciones y utilizaban a personas esclavizadas como en los estados del sur. En 1840, los esclavizados constituían el 14% de la población choctaw. La mejor ubicación para las plantaciones en la nación choctaw era a lo largo del río Rojo de Oklahoma. Allí, choctaw como Robert M. Jones poseían varias plantaciones y cientos de esclavos. Sin embargo, las explotaciones de Jones eran la excepción, no la regla. La mayoría de los granjeros choctaw poseían entre diez y veinte acres, y practicaban principalmente una agricultura de subsistencia. Aun así, los esclavos de la nación choctaw recibían el mismo trato que los de los estados del sur. Los choctaw instituyeron leyes para detener la difusión de la retórica abolicionista, prohibir que los esclavizados aprendieran a leer y escribir e impedir que tuvieran propiedades o portaran armas de fuego sin el permiso de su esclavizador.

Cuando estalló la guerra de Secesión en 1861, los choctaw ignoraron las sugerencias de neutralidad y se alinearon firmemente con la Confederación, aunque no llegaron a hacerlo oficial. Esto tenía sentido, ya que los choctaw habían adoptado un estilo de vida muy afín a los estados sureños. Por otra parte, podría parecer sorprendente, ya que los gobiernos estatales de Misisipi y Alabama se habían esforzado tanto por expulsarlos apenas tres décadas antes. Al final, los choctaw firmaron un tratado formal con la Confederación en el verano de 1861 y proporcionaron varios regimientos de soldados choctaw, que lucharon del lado de la Confederación (al igual que los cheroqui y los chickasaw). Creían que la Confederación reconocería su condición de nación soberana, pero la derrota final de los Estados Confederados provocó más dificultades para los nativos americanos.

Capítulo 3: Los chickasaw

Los chickasaw, que vivían en el norte de Misisipi, el norte de Alabama, el oeste de Tennessee y el oeste de Kentucky, eran menos numerosos que otras tribus, pero se hicieron famosos por sus proezas como guerreros. Al igual que los choctaw, hablaban la lengua muskogeana. Algunos arqueólogos sostienen que los chickasaw y los choctaw procedían de la antigua cultura Plaquemine, que ya existía en Luisiana en el año 1200 de nuestra era.

Al igual que los cheroqui y los choctaw, los chickasaw se vieron atrapados entre las potencias rivales de Inglaterra y Francia, que los apoyaron en guerras contra otros nativos americanos al tiempo que ayudaban a otras tribus a combatir y asaltar a los chickasaw. Los europeos adoptaron rápidamente la estrategia de «divide y vencerás» para tratar con los nativos americanos del sureste. Los chickasaw adquirieron armas de fuego a comerciantes ingleses de Carolina del Sur y empezaron a atacar y asaltar a los choctaw en busca de cautivos, que vendían a los colonos. Esta actividad prácticamente cesó cuando los choctaw consiguieron armas de fuego de los franceses. En el siglo XVIII, los chickasaw estaban a menudo en guerra con los franceses y los choctaw. En 1736, los chickasaw derrotaron a los franceses y a sus aliados nativos americanos en dos batallas campales cuando los franceses atacaron los pueblos de Ogoula Tchetoka y Ackia. Las batallas con los franceses continuaron hasta el final de la guerra franco-india en 1763, cuando Francia renunció a sus regiones al este del río Misisipi.

Tecumseh, jefe de guerra shawnee
https://commons.wikimedia.org/wiki/File:Tecumseh02.jpg

En 1768, cerca de Chillicothe, Ohio, nació un niño shawnee que se convertiría en el jefe Tecumseh. Dirigió a un grupo de guerreros para atacar a los barcos de los colonos que bajaban por el río Ohio. Su éxito fue rotundo. En 1791, bajo la dirección de los jefes de guerra Chaqueta Azul (Blue Jacket) y Pequeña Tortuga (Little Turtle), Tecumseh demostró su valía en la batalla del Wabash, cuando dirigió a un grupo de guerreros que ayudaron a derrotar al general Arthur St. Clair. Sin embargo, cuando se enfrentó a los chickasaw en la batalla de los árboles caídos en 1794, mientras ayudaban al general Anthony Wayne, Tecumseh fue derrotado.

Los chickasaw, presionados por los estadounidenses, intentaron integrarse en la civilización blanca. Educaron a sus hijos en escuelas, se convirtieron al cristianismo, tuvieron propiedades privadas y se dedicaron a la agricultura. La idea de «civilizar» a estas tribus nativas americanas fue promovida por los presidentes Washington y Jefferson. La idea general era que, una vez que los nativos americanos adoptaran la cultura blanca, los blancos los aceptarían en su sociedad. Por supuesto, esto resultaría carente de fundamento. Los chickasaw también firmaron el Tratado de Hopewell en 1786, que prometía paz y cooperación entre su nación y Estados Unidos.

Como otras tribus, los chickasaw estaban muy influidos por los llamados «mestizos». Un comerciante llamado James Logan Colbert se convirtió en chickasaw adoptivo en el siglo XVIII. Es posible que fuera hijo de padre blanco y madre chickasaw. James acabó casándose con tres mujeres chickasaw de alto rango y tuvo varios hijos con cada una de ellas. Como la herencia y la pertenencia al clan eran matrilineales, todos estos hijos se convirtieron en poderosos líderes, sobre todo porque se criaron bilingües. Colbert educó a sus hijos en la cultura blanca, pero también les enseñó a ser chickasaw. Uno de estos hijos fue el jefe George Colbert, también conocido como Tootemastubbe.

George Colbert luchó contra las fuerzas de Tecumseh en la batalla de los árboles caídos. En 1800, había establecido un ferry en Cheroqui, Alabama. Este ferry tuvo mucho éxito, ya que estaba al otro lado del río Tennessee y a lo largo de la importante ruta comercial del Natchez Trace. Colbert adquirió tierras y comenzó a cultivar algodón; poseía varios esclavos. George y sus hermanos Levi y James negociaron con el gobierno estadounidense en nombre de los chickasaw. En las guerras Creek, Colbert reclutó guerreros y se alió con el general Andrew Jackson contra los «Bastones Rojos». También luchó junto a los estadounidenses en la guerra de 1812. Aunque Colbert participó en las negociaciones que condujeron a la expulsión de los chickasaw de su tierra natal y a su ubicación en las tierras choctaw de Oklahoma, murió en el Sendero de las Lágrimas antes de llegar a las nuevas reservas chickasaw.

El Tratado de Tuscaloosa, negociado entre el entonces senador Andrew Jackson y los chickasaw, supuso la pérdida de una parte importante del territorio chickasaw en Tennessee y Kentucky. Se llamaría «La Compra de Jackson». Hoy en día, esto se refiere solo a la parte que se encuentra dentro del estado de Kentucky, pero en ese momento, también incluía territorio en el oeste de Tennessee.

En 1832, los chickasaw renunciaron al resto de su territorio en Misisipi, más de 6,2 millones de acres, en el Tratado de Pontotoc Creek con el gobierno de Estados Unidos. El preámbulo de esta decisión fue una larga historia de presiones del gobierno estadounidense, en conjunción con especuladores de tierras que querían que toda la tierra al este del Misisipi quedara libre de nativos americanos y se abriera a la colonización blanca. Las tierras propuestas a los chickasaw al oeste del río Misisipi fueron consideradas insatisfactorias por los chickasaw, que se aventuraron a inspeccionarlas antes de firmar ningún tratado. La situación se agravó con la aparición de numerosos ocupantes ilegales en el territorio chickasaw dentro de Misisipi. El gobierno del estado de Misisipi también intentaba activamente expulsar a los chickasaw de sus tierras. El Tratado de Pontotoc Creek se centraba en el acuerdo de que los chickasaw cederían su territorio a cambio de tierras adecuadas que el gobierno estadounidense encontraría para ellos, pero no tierras que ya estuvieran determinadas.

En 1837, los chickasaw acordaron comprar tierras a los choctaw por unos 500.000 dólares en el Tratado de Doaksville. Así, en 1837-1838, 4.914 chickasaw y 1.156 personas esclavizadas emprendieron el viaje hacia sus nuevas tierras al oeste del Misisipi. La venta de sus asignaciones en Misisipi les reportó unos 3 millones de dólares. Su Sendero de las Lágrimas quizá no fue tan traumático como el de los choctaw y los cheroquis; sin embargo, estuvo acompañado de sufrimiento y pérdidas, lo que afectó negativamente a la tribu durante décadas, si no más.

Una vez que llegaron a lo que se convertiría en Oklahoma, comenzaron la difícil tarea de reconstruir su sociedad. Holmes Colbert, bisnieto de James Logan Colbert y nieto de James Holmes Colbert, se convirtió en un destacado líder de los chickasaw a mediados del siglo XIX y ayudó a redactar la constitución chickasaw. Se había educado en una escuela estadounidense, pero, al igual que sus antepasados, también había aprendido las costumbres de los chickasaw. Por tanto, estaba preparado para desempeñar un papel de liderazgo en su tribu. Se casó con Elizabeth Love, que también había estudiado en escuelas estadounidenses, pero era chickasaw. Cuando empezó la guerra de Secesión, los chickasaw fueron los primeros en aliarse con los Estados Confederados. Los chickasaw también enviaron soldados a luchar contra la Unión. Cabe destacar que no fue hasta la guerra de Secesión cuando los chickasaw se alzaron en armas contra los pueblos de habla inglesa; antes solo habían luchado contra los franceses y otras tribus nativas americanas.

No todos los chickasaw apoyaron a la Confederación. En particular, la familia del forajido convertido en político Fred Tecumseh Waite huyó del territorio chickasaw durante la guerra de Secesión porque eran conocidos partidarios de la Unión. Fred formó parte de la banda de *Billy the Kid*, pero regresó al territorio chickasaw, donde se convirtió en representante. Fue elegido presidente de la Cámara tres veces y luego se convirtió en senador.

Tras el fin de la guerra de Secesión, los chickasaw, choctaw y cheroquis se vieron obligados a emancipar a su población esclavizada y a ceder parte de su territorio en Oklahoma. Los chickasaw firmaron un nuevo tratado de paz en 1866 con el gobierno estadounidense. Este tratado exigía que a los esclavos liberados que quisieran quedarse en territorio chickasaw se les concediera la ciudadanía chickasaw; si se iban a Estados Unidos, se convertirían en ciudadanos estadounidenses. Los que fueron liberados y se quedaron se conocieron como los libertos chickasaw, y muchos de sus descendientes aún viven en Oklahoma. Sin embargo, los chickasaw no les concedían la ciudadanía a menos que pudieran demostrar que sus padres eran de linaje chickasaw. Como los chickasaw no cumplieron esa parte del tratado, Estados Unidos los castigó arrebatándoles casi la mitad de su territorio sin darles nada a cambio.

Capítulo 4: Seminola

La tribu Seminola no existió hasta el siglo XVIII, cuando algunos de los nativos americanos creek de Georgia y Alabama emigraron a Florida en respuesta a la invasión de los colonos británicos. Sin embargo, la etiqueta «creek» procede de los colonos británicos, que agruparon a una gran variedad de tribus, sociedades y pueblos en una sola nación. Todos hablaban lenguas similares, como el muscogui, el hitchiti y el choctaw. La Confederación Creek se dividió en dos grupos, Upper Creek y Lower Creek (Creek Superior e Inferior).

Este grupo de creek se dividía en clanes, que eran matrilineales y recibían el nombre de animales o fuerzas naturales. Así, alguien del clan de la pantera podía estar lejos de su aldea natal, pero encontraría parientes que podrían ayudarlo porque todos eran del mismo clan. Las relaciones entre clanes también variaban. Además, había ayuntamientos y varios campamentos de clanes. Los pueblos o grupos de pueblos podían tener un jefe, a veces llamado *miko*, que podía convocar reuniones y controlar los excedentes de alimentos en caso de emergencia, pero que por lo demás no tenía poderes extraordinarios. Los europeos solían suponer que los jefes eran como reyes y, por tanto, líderes autocráticos de toda una nación, cuando sencillamente no era así. Los británicos, por ejemplo, podían convencer a un jefe para que firmara un tratado y suponer que eso significaba que toda la tribu seguiría su ejemplo; sin embargo, rara vez era así. Cuando los nativos americanos tenían que tomar decisiones a gran escala, a menudo tardaban mucho tiempo en organizar todos los consejos y llegar a un consenso. Para los europeos, esto tenía a menudo la (falsa) apariencia de estar dando largas o entrando a juegos políticos.

Al igual que los demás nativos americanos de la zona, los creek dependían del comercio con los europeos para obtener utensilios de metal, armas de fuego, telas y ganado. Los llamados creek habían practicado la esclavitud antes de la llegada de los europeos, pero la práctica europea de la esclavitud les introdujo primero en la idea de los esclavos como propiedad. La relación entre los creek y, con el tiempo, los seminolas y los esclavos de ascendencia africana era complicada. Los esclavos eran tratados como propiedad, pero también protegidos debido a su alto valor. Los colonos ingleses empezaron a quejarse de que los esclavos fugados iban a los pueblos creek, donde eran acogidos y no podían ser recuperados. Esta conexión se hizo aún más fuerte con los seminolas, que estrecharon lazos con los esclavos fugitivos en su territorio y contaban con ellos como intérpretes y aliados.

Como ya se ha mencionado, en el siglo XVIII, un gran contingente de nativos americanos de Lower Creek abandonaron sus tierras en Alabama y Georgia y viajaron a la Florida española para escapar de la expansión de los colonos británicos. Los británicos los llamaron seminolas, de la palabra española cimarrones, que significa «salvajes» o «los que se separaron». En el centro de Florida, los seminolas encontraron ganado abandonado por los ganaderos españoles y empezaron a criarlo. (A uno de los primeros líderes seminolas se lo llamaba «Cowkeeper».) Los seminolas desarrollaron su propio modo de vida y cultura, separados de las otras tribus creek. A diferencia de otras tribus que seguían desplazándose en busca de pieles, los seminolas comerciaban principalmente con el ganado que habían aprendido a criar tan bien. En 1789, comerciaban sobre todo con Panton, Leslie & Company, que compraba ganado a todas las aldeas seminolas. Los seminolas eran ferozmente independientes, pero deseaban la paz y el comercio con los colonos blancos, siempre que no intentaran dominarlos.

Los seminolas de Florida sostienen que han vivido dentro de las fronteras de Florida durante miles de años. Afirman que son el pueblo originario de Florida, y es muy posible que así sea. Vinculada por tradición y parentesco a la cultura misisipiana, la población nativa de Florida estaba en continuo cambio por la depredación de las enfermedades y la guerra con los europeos y otras tribus, así como por la introducción de sangre nueva en forma de poblaciones migratorias procedentes de todo el sureste de Estados Unidos.

Seminola, Miccosukee, Muscogui, Calusa y Creek son todos nombres que se dieron a grupos de nativos americanos en diversas épocas y que a veces incluían a los nativos de Florida, Georgia y Alabama. El grupo que hoy llamamos seminola (que ellos mismos han adoptado) es sin duda una mezcla de distintas identidades que se unieron y forjaron en una conciencia común en Florida al enfrentarse a las potencias extranjeras que se expandían a su alrededor.

Los problemas surgieron a finales del siglo XVIII y principios del XIX, cuando la rivalidad entre Inglaterra, España y los recién creados Estados Unidos llevó a sobornar a algunos *mikos* para que convencieran a sus parientes de alianzas comerciales con diversas potencias europeas y americanas. De ahí surgió el llamado movimiento «nativista», ejemplificado por el líder shawnee Tecumseh, que envió emisarios a los seminolas para fomentar un frente nativo americano unificado contra la invasión blanca, en concreto la de los estadounidenses.

Los seminolas, quizá más que ninguna de las Cinco Tribus Civilizadas, rechazaban la idea de renunciar a sus tierras y ser trasladados al oeste del Misisipi. Los líderes nativistas entre los creek eran Josiah Francis, Peter McQueen, High Head Jim y Paddy Walsh. Se opusieron a líderes como Big Warrior (Gran Guerrero), que se relacionó con el agente indio estadounidense Benjamin Hawkins y apoyó la construcción de carreteras a través del territorio creek sin el consentimiento de otros líderes tribales.

La guerra civil estalló en la Confederación Creek durante la guerra de 1812. Los nativistas, ahora llamados Bastones Rojos, fueron atacados por las fuerzas estadounidenses mientras cruzaban el arroyo Burnt Corn en Alabama tras recibir munición de los británicos en territorio de Florida. En respuesta, atacaron el asentamiento de Samuel Mims. La masacre de Fort Mims tuvo lugar el 30 de agosto de 1813, cuando un grupo de bastones rojos liderado por Peter McQueen y Red Eagle atacó y capturó el fuerte, que estaba mal defendido y comandado por el mayor Daniel Beasley, quien hizo caso omiso de los informes sobre nativos americanos en la zona y era conocido por estar borracho mientras estaba de servicio. Los bastones rojos incendiaron el fuerte y mataron a unas 500 personas, entre soldados, esclavos, mestizos creeks y colonos blancos, incluidos mujeres y niños. La mayoría de los esclavos no murieron, sino que fueron capturados. Solo 36 personas lograron escapar, la mayoría hombres. Los bastones rojos mataron a la mayoría del ganado y destruyeron los campos del asentamiento. Se cree que unos 100 bastones rojos murieron en la lucha.

Esto convirtió la guerra civil entre los creek en una guerra entre los creek y los EE. UU. El territorio de Georgia, Tennessee y Misisipi organizó su milicia, dirigida por el general de división Andrew Jackson. El conflicto terminó en la batalla de Horseshoe Bend, en la actual Alabama, con la victoria estadounidense y el fin de los bastones rojos, muchos de los cuales huyeron hacia el sur, a Florida. El general negoció entonces el Tratado de Fort Jackson, que terminó con la pérdida de veinte millones de acres por parte de los creek, tanto amigos como enemigos.

En Florida, los británicos llevaban tiempo armando a los seminolas, miccosukees y esclavos fugitivos. Con el fin de la guerra de 1812, los bastones rojos que habían huido a Florida no tardaron en afirmar su alianza con los británicos; incluso se vistieron con uniformes británicos y se los podía ver paseando por las calles de Pensacola. Cuando Jackson se enteró de esto, solicitó al gobierno estadounidense que le permitiera tomar Pensacola, que estaba cerca de su asombrosa victoria en Nueva Orleans y muy cerca de la ciudad portuaria estadounidense de Mobile.

Los nativos americanos y los esclavos fugitivos recibieron el apoyo del ejército británico, que no podía permitirse otro conflicto directo con Estados Unidos. Establecieron un fuerte en Prospect Bluff y recibieron víveres de John Forbes & Company, que poseía gran parte del corredor geográfico de Florida gracias a las deudas contraídas por los comerciantes creek y seminolas. El ejército estadounidense llamó al lugar de Prospect Bluff el fuerte Negro porque estaba ocupado exclusivamente por antiguos esclavos y nativos americanos. Aunque España era oficialmente propietaria de Florida, no tenía capacidad para ayudar o detener las acciones de los seminolas, los antiguos esclavos o los británicos. Los españoles presentaron quejas, pero cayeron en saco roto. El número de combatientes nativos americanos y antiguos esclavos en Prospect Bluff superaba al de soldados españoles en Florida Occidental y Oriental.

Jackson recibió la bendición del gobierno estadounidense y procedió a iniciar maniobras contra las fuerzas seminolas y negras en Prospect Bluff. Tras varias escaramuzas, llegaron las cañoneras y alcanzaron un polvorín del fuerte, provocando una gran explosión. De las 300 personas que había en el fuerte, incluidos mujeres y niños, 270 murieron a causa de la explosión. Los soldados estadounidenses capturaron a casi todas las personas que quedaban en el fuerte; devolvieron los esclavos libres a los propietarios españoles y nativos americanos, y torturaron al resto hasta que murieron. Todos los que vivían cerca de Pensacola huyeron al interior de Florida, muchos uniéndose a los seminolas que ya estaban allí.

La frontera entre la Florida española y los estados norteamericanos de Georgia y Alabama se convirtió en una zona de creciente tensión, ya que muchos norteamericanos empezaron a realizar incursiones hacia el sur para encontrar esclavos fugados o capturar ganado, mientras que los nativos americanos también realizaban incursiones hacia el norte para detener la incursión de los blancos en sus tierras.

Jackson ordenó construir un nuevo fuerte en el río Flint, cerca de la frontera con Florida. Frente al emplazamiento del fuerte había un poblado miccosukee llamado Fowltown, dirigido por una *miko* llamada Neamathla. Bajo el mando del general Gaines, los hombres del fuerte entraron en un bosque cercano al poblado para obtener madera. Neamathla le dijo a Gaines que no permitiría tales intrusiones. Gaines informó a Neamathla de que la tierra en cuestión había sido cedida por el Tratado de Fort Jackson, al igual que la tierra sobre la que se asentaba Fowltown, por lo que Neamathla y su pueblo estaban sujetos a la ley estadounidense. Neamathla respondió que no había firmado ningún tratado de ese tipo y que la tierra era suya. Por supuesto, ambos hombres, desde su punto de vista, tenían razón. La tierra de Fowltown formaba parte del tratado, pero Neamathla no se consideraba sujeto al mismo. La tierra, como todo lo demás, era propiedad comunal y era utilizada por su pueblo. No la habían cedido a Estados Unidos. Podían utilizar el bosque, pero las tropas tendrían que preguntar antes de talar árboles.

Como resultado de este impasse, estalló un conflicto abierto en noviembre de 1817. Fue el comienzo de la primera guerra Seminola. Los estadounidenses atacaron Fowltown, y los seminolas, junto con africanos libres, esclavos fugados y otros afrodescendientes conocidos como seminolas negros, tomaron represalias atacando un barco lleno de refuerzos en el río Apalachicola, matando a 43 personas.

El general Jackson recibió entonces el mando de las fuerzas del sur e invadió Florida, destruyendo pueblos seminolas a su paso. Tomó Pensacola y capturó el puesto militar español de St. Marks. Estas acciones contribuyeron a que España cediera Florida a Estados Unidos. A cambio, Estados Unidos no desafiaría el control español de Texas. Finalmente, los seminolas aceptaron una rendición en la que se los trasladaba a una reserva en el centro de Florida y se les obligaba a renunciar a sus tierras en el norte de Florida en virtud del Tratado de Moultrie Creek.

Estados Unidos anuló este tratado cuando exigió que los seminolas se trasladaran a Oklahoma como parte de la Ley de Traslado Forzoso de

Indios. Los seminolas contraatacaron utilizando tácticas de guerrilla para frustrar los esfuerzos del ejército estadounidense por destruirlos. Esta sería la segunda guerra Seminola, que duró de 1835 a 1842. Finalmente terminó cuando el general Thomas Jesup se hizo con el mando de las fuerzas en Florida y empezó a destruir granjas, pueblos y hogares seminolas para matarlos de hambre. Después secuestró a dos líderes seminolas, Osceola y Micanopy, bajo una falsa bandera de tregua. No hubo tratado de paz oficial, aunque muchos seminolas se trasladaron a Oklahoma.

En 1855 estalló una tercera guerra Seminola cuando los colonos empezaron a enfrentarse a los seminolas en el sur de Florida. Los estadounidenses respondieron de nuevo destruyendo ranchos y granjas. Hacia 1858, muchos más seminolas aceptaron reubicarse. Solo quedaban en Florida bandas de entre 100 y 300 seminolas, que se trasladaron a los Everglades y al pantano Big Cypress, tierras que se consideraron inadecuadas para los colonos blancos.

De ellos descienden todos los seminolas que viven actualmente en Florida, unos 2.000 en total. Se autodenominan el «Pueblo Inconquistable», un sobrenombre muy apropiado. En lugar de las pieles de animales y la artesanía de sus antepasados, los seminolas actuales de Florida cultivan cítricos y crían ganado. El turismo y los beneficios del bingo permiten pagar las escuelas de sus reservas, creadas después de que la tribu seminola de Florida obtuviera el reconocimiento federal en la década de 1950. En 1970, los seminolas de Oklahoma y Florida recibieron más de 12 millones de dólares por las tierras que habían perdido a manos del ejército estadounidense. Hoy en día, algunos siguen viviendo en las estructuras al aire libre con techo de paja llamadas *chickees*.

Capítulo 5: Los creek muscogui

Los muscogui (o muskogui) eran conocidos y siguen siéndolo a menudo como los creek, nombre que los británicos dieron a una población mucho mayor de nativos americanos. Al igual que los choctaw y los cheroquis, los muscogui descendían de la cultura misisipiana. Vivían en la actual Alabama y en el sur de Georgia, y de ellos procedían los seminolas.

Al igual que las otras Cinco Tribus Civilizadas, los muscogui estaban separados en clanes, que actuaban como familias extensas, y también en pueblos dirigidos por consejos y jefes. Tras verse diezmados por las enfermedades y los conflictos con las tribus vecinas, los muscogui se consolidaron y se trasladaron al interior, alejándose de las costas. A menudo estaban enfrentados a los cheroquis, y los británicos aprovecharon esta circunstancia para fomentar las incursiones y la guerra entre ambas tribus. Suministraban a los muscogui armas de fuego, telas y herramientas metálicas a cambio de pieles, cosechas y esclavos.

Tras la creación de los Estados Unidos de América, los creek se encontraron en medio de un territorio muy disputado: los actuales estados de Misisipi, Alabama y Luisiana, y el oeste de Florida, también llamado «Panhandle». Este viejo suroeste era el hogar de los creek, pero tanto estadounidenses como españoles y británicos lo reclamaban. El más agresivo era también el más reciente: Estados Unidos. Los estadounidenses sobrepasaban continuamente las fronteras e intentaban asentarse en tierras que antes habían quedado excluidas por tratado. Su modo de vida, la agricultura de plantación, requería grandes extensiones de tierra para producir enormes cantidades de cultivos comerciales

---

procesados por mano de obra esclava. Los estadounidenses querían tierras, y los creek las tenían. Los españoles parecían más interesados en conservar lo que era suyo, es decir, el territorio de Florida, que en aquella época también incluía la zona alrededor del puerto de Mobile. Los españoles tenían un nuevo aliado en los británicos, sus antiguos enemigos, que querían recuperar lo que habían perdido en la Revolución estadounidense. Esta situación se volvió especialmente volátil a principios del siglo XIX y desembocaría en dos guerras superpuestas: la guerra de 1812 y la guerra Creek.

A los colonos estadounidenses de Georgia y el territorio del Misisipi les preocupaba que la nueva alianza hispano-británica armara a los nativos americanos y los instigara a atacar los asentamientos. Los británicos ya lo habían hecho en el Territorio del Noroeste, al norte del río Ohio. De hecho, los británicos armarían a los creek en Florida. Existía la preocupación de que esta actividad pudiera ser también la táctica preliminar a una invasión británica desde el golfo de México. Estas preocupaciones ayudaron a empujar a Estados Unidos más cerca de la guerra con Gran Bretaña, junto con el hecho de que los británicos no abandonaron los fuertes como dijeron que harían en el Tratado de París. Los británicos también estaban presionando a los marineros estadounidenses para que sirvieran en la marina británica.

Los creek estaban divididos sobre cómo veían la creciente invasión de los estadounidenses. En el siglo XIX, muchos de los creek se habían casado con colonos estadounidenses y británicos, por lo que había un gran grupo de creek de ascendencia tanto europea como nativa americana. Upper Creek empezaron a cansarse de los intentos de los estadounidenses de cambiar su modo de vida y destruir sus tradiciones. Sin embargo, los Lower Creek pensaban de otra manera. Desde su punto de vista, la mejor opción era hacer las paces con los estadounidenses.

En 1811, Tecumseh viajó al territorio creek y predicó su mensaje contra los estadounidenses. Creía que la única forma de asegurar la supervivencia de los nativos americanos era formar una gran confederación contra Estados Unidos. Su visión se convirtió en una cruzada religiosa gracias en parte al hermano de Tecumseh, Tenskwatawa, o «El Profeta». La aparición de un cometa en el cielo y el terremoto de Nuevo Madrid de 1812 parecieron corroborar las advertencias proféticas de Tecumseh. Aunque no tuvo mucho éxito con los choctaw, los chickasaw y muchos de los creek, algunos de los Upper Creek se unieron en un llamamiento a volver a las costumbres tradicionales y a una resistencia activa contra los estadounidenses. Ese grupo de Muscogui sería conocido como los bastones rojos (*Red Sticks*), por el particular color de sus garrotes de guerra de madera.

Los bastones rojos pronto entraron en guerra con el resto de los creek, a veces llamados bastones blancos por su preferencia por la paz con los estadounidenses. La violencia entre los bastones rojos y los colonos estadounidenses no se hizo esperar. Los bastones rojos atacaban a los colonos, matando a hombres, mujeres y niños. El agente federal Hawkins colaboraría con los bastones blancos para encontrar al creek responsable, que sería entregado a los estadounidenses y ejecutado. Esta serie de sucesos se repetiría una y otra vez a lo largo de 1812 y hasta 1813.

Lo que estalló en julio de 1813 se llamaría la guerra Creek. Enfrentaría a los bastones rojos, con el apoyo material de británicos y españoles, contra los bastones blancos y la milicia estadounidense de Georgia, Tennessee y el territorio de Misisipi. Los bastones rojos atacaron Tuckabatchee, ciudad madre de la Confederación Muscogui Creek. Los bastones blancos respondieron quemando muchos pueblos de bastones rojos. Un grupo de bastones rojos fue atacado por la milicia estadounidense el 27 de julio de 1813. Los bastones rojos regresaban de Pensacola y huyeron, pero se reagruparon y atacaron a los saqueadores estadounidenses y ganaron la batalla de Burnt Corn. El ataque a Fort Mims se llevó a cabo un mes después. El coronel Andrew Jackson fue llamado para dirigir una milicia de 2.500 hombres del oeste de Tennessee para unirse con una fuerza igual del este de Tennessee para detener a los creek en el territorio de Misisipi. Varios bastones blancos creek y los cheroqui se unieron al ejército para detener a los bastones rojos.

La milicia de Georgia de 1.500 hombres, incluyendo amigos creek, avanzó en el territorio de Misisipi y se encontró con un ejército de 1.300 bastones rojos —la fuerza más grande que se levantaría en la guerra. Los georgianos rechazaron el ataque de los bastones rojos, pero se retiraron a Fort Mitchell tras la batalla de Calebee Creek. La milicia del Misisipi llegó a Holy Ground, el centro del territorio de los bastones rojos. No entraron en combate, pero quemaron unas 260 casas. Las fuerzas de Andrew Jackson partieron de Tennessee en octubre de 1813. Su misión era detener a los bastones rojos, pero su objetivo mayor era atacar Pensacola, que estaba bajo control español. El 3 de noviembre, parte de la caballería de Jackson derrotó a las fuerzas de bastones rojos en la batalla de Tallushatchee; después derrotaron a más bastones rojos en la batalla de Talladega.

Tras meses de problemas con la escasez de suministros, el despido de varias tropas y la deserción de fuerzas adicionales, combinados con el retraso en la recepción de refuerzos, Jackson no pudo volver al campo de batalla hasta marzo de 1814. Los bastones rojos contaban con una fuerza de unos 1.000 guerreros. Jackson mandaba unos 3.300 combatientes, incluidos los nativos americanos aliados, y también disponía de artillería. Se enfrentaron en la batalla de Horseshoe Bend, en la actual Alabama, donde el ejército de Jackson atacó a los bastones rojos en una fortificación de troncos y tierra construida por ellos mismos. Jackson los atacó a cañonazos y ordenó cargar contra el fuerte colina arriba. Uno de los primeros en cruzar el muro fue Sam Houston, futuro líder de Texas, que fue alcanzado por una flecha creek. Los bastones rojos fueron rodeados, pero se negaron a rendirse. De los 1.000 guerreros presentes, casi todos murieron en la batalla. Doscientos creek pudieron escapar y se unieron a los seminola en Florida.

Esto marcaría el final de la guerra Creek. Los muscogui creek tuvieron que firmar el Tratado de Fort Jackson el 9 de agosto de 1814. El tratado exigía a los creek —rojos y blancos por igual— la entrega de veintitrés millones de acres de tierra.

Tras el Tratado de Fort Jackson, Tennessee utilizó la guerra Creek como excusa para exigir la expulsión de los cheroquis, creek y chickasaw. Georgia había conseguido expulsar a los creek del estado en el Tratado de Fort Jackson, y Alabama esperaba hacer lo mismo extendiendo sus leyes a todas las tierras de los nativos americanos y negándose a reconocer la soberanía de varios asentamientos creek. Los creek que reclamaban asignaciones para propiedad privada eran objeto de acoso por parte de sus vecinos blancos. De 1820 a 1840, los creek muscogui fueron obligados sistemáticamente a abandonar el sureste de Estados Unidos e ir al Territorio Indio que se convertiría en Oklahoma —otro Sendero de las Lágrimas. Algunos permanecieron en Alabama y se ganaron la vida a duras penas. Los que viajaron al oeste no estaban en mejor situación. Rechazaron la ayuda que les había prometido el gobierno federal y se centraron en reconstruir su nación. Durante la guerra de Secesión estadounidense, los muscogui se dividieron en dos facciones, una que apoyaba a la Unión y otra que apoyaba a la Confederación. Estas facciones lucharon entre sí, y el bando favorable a la Unión se marchó a Kansas hasta después de la guerra.

Los muscogui (creek) formaron un nuevo gobierno, eligieron una capital en Okmulgee (Oklahoma) y construyeron un edificio en 1866 y

1867. El final del siglo XIX fue una época próspera para la nación, ya que tenía poca interferencia del gobierno federal. Sin embargo, la Ley Curtis de 1898 desmanteló los gobiernos de los nativos americanos en otro intento de asimilarlos a la sociedad blanca. La Ley de Asignación de Dawes obligaba a las tribus a dividir sus propiedades comunales en asignaciones privadas. Esto allanó el camino para que Oklahoma se convirtiera en estado en 1907. Como consecuencia de la Ley Dawes, los muscogui, junto con muchas otras tribus, perdieron grandes cantidades de tierras consideradas «excedentes» por el gobierno federal y vendidas a particulares. El gobierno federal también separó a la población muscogui en tres categorías: «Creek por sangre», «Creek libertos» y «Blancos entrecruzados». El proceso se hizo tan apresuradamente que los miembros de una misma familia, especialmente en el caso de los libertos (descendientes de esclavos liberados), fueron colocados en grupos separados sin tener en cuenta su verdadera condición. Los muscogui (creek) no se reorganizaron y recuperaron su estatus federal hasta 1970.

Capítulo 6: Otras tribus

Los shawnee

Los shawnee son un pueblo de habla algonquina que vivía en el sur de Ohio, Virginia Occidental y el oeste de Pensilvania. En la década de 1660, fueron expulsados de estas tierras por los haudenosaunee, o iroqueses, para apoderarse de estos ricos territorios de caza. Durante un tiempo permanecieron dispersos, pero en 1730 muchos habían regresado al valle del río Ohio. En 1761 se unieron a otras tribus para resistir a los británicos. Este levantamiento fue detenido; sin embargo, se unieron al jefe ottawa Pontiac en su resistencia a los británicos solo dos años después. Fueron detenidos de nuevo. Durante la guerra de Lord Dunmore de 1774, lucharon contra los virginianos. Debido a la victoria virginiana en la batalla de Point Pleasant, los shawnee se vieron obligados a renunciar a todas sus tierras al sur del río Ohio. La tribu volvió a dispersarse. Un grupo se asentó en Misuri y se hizo conocido como los Shawnee ausentes.

Los jefes shawnee Chaqueta Azul, Pequeña Tortuga y, sobre todo, Tecumseh lucharon contra la incursión estadounidense en lo que entonces se llamaba el Territorio del Noroeste, pero que un día serían los actuales estados de Ohio, Indiana, Illinois, Michigan y Wisconsin. Tecumseh reunió a muchas tribus de toda la frontera estadounidense para enfrentarse a los norteamericanos al mismo tiempo que Estados Unidos declaraba la guerra a Gran Bretaña en la guerra de 1812. Tecumseh se puso del lado de los británicos y dirigió varias batallas exitosa contra los estadounidenses, pero los británicos nunca estuvieron dispuestos a ofrecer nada más que apoyo material y simbólico. Así que los generales estadounidenses Anthony Wayne y William Henry Harrison y sus aliados derrotaron a los shawnee. Muchos de los shawnee fueron aniquilados y los que quedaron se trasladaron al oeste del Misisipi. Durante la guerra de Secesión, los que se pusieron del lado de la Unión se autodenominaron Shawnee Leales. En 1869, se trasladaron a las tierras que les ofrecían los cheroquis. En 2000 obtuvieron el reconocimiento federal.

Los pawnee

Los pawnee vivían a lo largo de los afluentes del río Misuri, en lo que sería Kansas y el centro de Nebraska. Cuando los europeos establecieron el primer contacto con los pawnee, la tribu contaba con decenas de miles de miembros y era una de las más grandes de las llanuras. Los pawnee se dividían en cuatro bandas: los skiri, los chaui (chawis), los kitkahahki y los pitahauirata, cada una de las cuales ocupaba un poblado. Los pawnee vivían en un ciclo anual semisedentario. En primavera, vivían en cabañas de tierra con techos abovedados que albergaban hasta veinte personas. Durante esta estación, las mujeres plantaban y cuidaban huertos de maíz, judías y calabaza. Los hombres se ocupaban de los rituales religiosos. En junio, los pawnee viajaban hacia el oeste, a las Altas Llanuras. Allí vivían en refugios temporales en forma de cuenco y cazaban bisontes durante tres meses. A finales de agosto, regresaban para cosechar sus huertos y realizar actividades rituales. Luego, en octubre y noviembre, viajaban de nuevo al oeste para participar en la caza del bisonte en invierno. Durante este tiempo, vivían en tipis de piel de bisonte. En febrero o marzo, regresaban a sus refugios de tierra para esperar la llegada de la primavera.

Como muchas tribus nativas americanas, la vida de los pawnee giraba en torno a la aldea. Sin embargo, con el paso del tiempo, el número de aldeas varió, al igual que la población de cada una de ellas. En ocasiones, las aldeas podían estar formadas por varios miles de personas, y podía haber cientos de aldeas en un momento dado. Cuando los europeos entraron en contacto por primera vez con los pawnee, observaron que los poblados eran grandes, pero poco numerosos, mientras que varias bandas podían coincidir con un poblado, o un poblado podía estar formado por varias bandas. Cada banda o aldea estaba dirigida por cuatro jefes: un jefe principal y tres jefes subordinados. El cargo de jefe era hereditario, aunque alguien podía obtenerlo por méritos, principalmente el éxito en la guerra. Cada aldea tenía un mazo sagrado, un santuario religioso que representaba la historia de esa aldea o banda. El jefe era el propietario del mazo y su esposa se encargaba de cuidarlo, pero un sacerdote principal conocía los rituales y las ceremonias religiosas asociadas a él. El jefe también tenía jóvenes ayudantes que vivían con él, conocidos simplemente como «muchachos». Los pawnee tenían tanto sacerdotes como médicos. Los sacerdotes se ocupaban principalmente del bienestar de la aldea y de traer buena fortuna a la comunidad. Sus dioses eran los dioses del cielo. Los médicos, por su parte, se centraban en las propiedades curativas de animales y plantas. Los animales, incluidos los insectos, podían bendecir a la gente en sueños, por ejemplo. Estos animales podían otorgar poderes a los individuos.

El expansionismo de Estados Unidos empezó a afectar a los pawnee en el siglo XIX, cuando los vagones y las líneas de ferrocarril empezaron a atravesar su territorio. Entonces los blancos empezaron a habitar partes de la tierra pawnee. Con el aumento de la emigración, empezaron a escasear cosas que antes abundaban, como el bisonte, la madera y los pastos. No fueron solo los blancos los que se trasladaron a la tierra pawnee, sino también las tribus desplazadas del este del Misisipi que habían sido expulsadas a la fuerza de sus tierras y a las que Estados Unidos había dado tierras pawnee. En 1833, los pawnee se vieron obligados a renunciar a sus tierras al sur del río Platte. En 1857, fueron confinados a una pequeña reserva en el río Platte. Los pawnee también sufrieron una serie de epidemias que asolaron su población. Durante gran parte de su historia, estuvieron en guerra con los sioux y en conflicto casi continuo con la mayoría de las demás tribus de las Grandes Llanuras. Sin embargo, en 1833 renunciaron por completo a la guerra y entregaron sus armas. Los sioux iniciaron entonces una campaña de exterminio contra los pawnee, ahora indefensos, que no contaban con la protección del gobierno federal.

En las guerras indias posteriores a la guerra de Secesión estadounidense, los pawnee actuaron a menudo como exploradores del ejército estadounidense en su lucha contra los sioux, cheyene y arapajó. También actuaron como protectores de los trabajadores que construían el ferrocarril transcontinental. En 1874, los pawnee abandonaron su reserva de Nebraska y se trasladaron al Territorio Indio de Oklahoma, en tierras cheroquis. Hoy en día, esto es la mayor parte de lo que constituye el condado de Pawnee. Al principio, los pawnee mantuvieron su modo de vida tradicional, en el que grupos separados vivían en aldeas y las tierras de labranza eran de propiedad colectiva y las cultivaban los aldeanos. Estaban dirigidos por jefes, sacerdotes y médicos. Sin embargo, a principios de siglo, muchos pawnee empezaron a vivir en granjas privadas, a vestirse como blancos y a hablar inglés. Ya no cazaban bisontes, sino que criaban ganado y cultivos comerciales. Los mazos sagrados, los sacerdotes y los médicos empezaron a desaparecer. Los jefes fueron sustituidos por agentes. Se determinó que solo se podía cultivar un tercio de la reserva, y el rendimiento era bajo. El ganado también tenía dificultades para sobrevivir en estas condiciones. La sanidad en la reserva era deficiente, y la salud de los pawnee se resintió aún más. En 1901, su población alcanzó un mínimo histórico de 629 habitantes, y no volvió a crecer hasta la década de 1930.

En 1936, los pawnee establecieron una constitución tribal con un consejo de jefes y un consejo comercial. En la década de 1960, habían recuperado las tierras perdidas a las afueras de la ciudad de Pawnee. También adquirieron el complejo de edificios de la Escuela India Pawnee. En 1980, construyeron una casa redonda tribal basada en las cabañas de tierra de su pasado. En la actualidad, la Nación Pawnee posee edificios administrativos, una residencia de ancianos, un hospital, un gimnasio, un fumadero y una parada de camiones en la reserva. Cada cuatro años celebran un regreso a casa en el que pawnee de todo el mundo vuelven a la reserva para participar en bailes comunitarios y visitar a sus parientes.

Los sioux

El nombre «sioux» es la abreviatura de Nadouessioux, que significa «enemigo» en la lengua del pueblo ojibwa. Los sioux abarcan un amplio abanico de pueblos que hablan tres lenguas siouanas diferentes. Los santee o sioux orientales hablaban dakota, los yankton hablaban nakota y los teton o sioux occidentales hablaban lakota. Cada uno de estos grupos estaba formado por tribus diferentes. En el siglo XVII, los santee vivían a orillas del lago Superior, recolectando arroz silvestre y cazando ciervos y bisontes. Debido a las constantes guerras con los ojibwa, los santee se trasladaron a la actual Minnesota, empujando así a los yankton y los teton hacia Dakota del Norte y del Sur. Estos grupos habían sido principalmente agrícolas, pero debido a la aparición de los caballos de las expediciones europeas, empezaron a centrarse más en la caza del bisonte y desarrollaron un estilo de vida más nómada.

Los teton y los yankton compartían similitudes con las tribus de las Grandes Llanuras. Vivían en tipis, vestían ropas de cuero e intercambiaban productos del búfalo por otros tipos de alimentos. Todas las tribus sioux eran muy religiosas y creían en cuatro poderes que presidían el universo. Utilizaban el chamanismo para tratar con las fuerzas sobrenaturales. La mayoría de los hombres se dedicaban a la caza y la guerra, asaltando a tribus vecinas como los pawnee. Las mujeres procesaban las pieles de búfalo, que la tribu utilizaba o intercambiaba por bienes. El acontecimiento anual más importante era la Danza del Sol.

En el siglo XIX, Estados Unidos empezó a invadir el territorio sioux, que incluía Montana, Wyoming, Colorado, Nebraska y Dakota del Norte y del Sur. En 1851, los sioux firmaron el Tratado de Fort Laramie. El tratado hizo que los santee renunciaran a su territorio en Minnesota y se establecieran en una reserva a cambio de anualidades. Sin embargo, las anualidades se gestionaron mal. La falta de caza y la resistencia a un estilo de vida agrario provocaron el hambre en la reserva en 1862. Ese año, los santee intentaron recuperar su territorio. El ejército estadounidense fue llamado para detener lo que se llamaría el levantamiento Sioux. Cuatrocientos colonos, setenta soldados estadounidenses y treinta santees murieron en el conflicto, mientras que varios santees fueron condenados a muerte por su participación en la resistencia. El presidente Lincoln conmutó muchas de las sentencias, pero 38 hombres fueron ahorcados en la mayor ejecución masiva de la historia de Estados Unidos.

En 1866, el jefe High Backbone dirigió una campaña en la que atrajo a una patrulla militar estadounidense de ochenta hombres a una emboscada en la que murieron todos los estadounidenses. Entre los sioux implicados en la masacre de Fetterman se encontraba Caballo Loco (Crazy Horse). El gobierno estadounidense, reconociendo la inutilidad de desarrollar las Llanuras, concedió a los sioux toda Dakota del Sur al oeste del río Misuri en el Segundo Tratado de Fort Laramie de 1868. Sin embargo, cuando se descubrió oro en las Colinas Negras, los buscadores estadounidenses ignoraron el tratado e inundaron el territorio. La mayor victoria de los sioux fue también el principio de su derrota, cuando 200 soldados al mando del teniente coronel George Custer murieron en la batalla de Little Bighorn. La respuesta se conoció como las guerras de las Llanuras, y terminó en 1876, cuando las tribus se rindieron formalmente y la mayoría regresó a sus reservas.

Sin embargo, Toro Sentado (Sitting Bull), Caballo Loco y el jefe Gall se negaron a regresar a las reservas. Caballo Loco acabó rindiéndose, pero fue asesinado por resistirse al arresto por abandonar su reserva. Al parecer, llevaba a su esposa enferma a ver a unos parientes. Los jefes Toro Sentado y Gall entraron en Canadá y permanecieron allí varios años, pero regresaron y se rindieron sin incidentes. A finales del siglo XIX, la religión de la Danza de los espíritus llegó al pueblo sioux y prometía la llegada de un mesías y la desaparición de todos los descendientes europeos de Norteamérica. Estados Unidos ordenó a Toro Sentado que no asistiera a las reuniones de la Danza de los espíritus. Cuando desobedeció esta orden en 1890, fue asesinado. Ese mismo año, el Séptimo de Caballería estadounidense, antiguo regimiento de Custer, mató a 200 hombres, mujeres y niños en Wounded Knee Creek. A partir de entonces, los sioux dejaron de resistirse al ejército estadounidense, y muchos de ellos sirvieron en él a lo largo de los años. En 1973, algunos activistas sioux tomaron simbólicamente el control de Wounded Knee en lo que se conoce como la Ocupación de Wounded Knee.

En la actualidad hay unos 160.000 sioux en Estados Unidos.

Los navajo

Se cree que, entre los años 900 y 1250 a. e. c., el pueblo navajo del noroeste de Nuevo México desarrolló una cultura rica y compleja con una vasta red comercial entre el pueblo Anasazi y la gente Pueblo. En el siglo XVI entraron en contacto con los españoles. En 1680, se unieron a los pueblo y a los apache en la revuelta Pueblo contra España, obligando a los españoles a entrar en México durante un tiempo. Pero, en 1693, los españoles regresaron y reconquistaron el valle del Río Grande. Muchos pueblo buscaron refugio con los navajo, lo que creó una sociedad mixta con elementos de ambos grupos entrelazados. Los navajos adoptaron rápidamente el uso de caballos, que a veces robaban a los españoles. También criaban ovejas y cabras, que los españoles introdujeron en la zona. En el siglo XVIII, ya se habían trasladado al sur de Utah y al norte de Arizona. Los españoles se aliaron con grupos comanches y ute, conquistando todo el suroeste y esclavizando a muchos navajos.

A finales del siglo XIX, los navajos luchaban principalmente contra las fuerzas estadounidenses. Bajo el mando de Christopher «Kit» Carson, Estados Unidos utilizó tácticas de tierra quemada para acabar obligando a los navajos a rendirse. Después de 1863, los navajos se vieron obligados a realizar lo que se conocería como la Larga Marcha, una marcha forzada desde su tierra natal hasta el centro de Nuevo México. Muchos murieron en el viaje, pero los que sobrevivieron fueron confinados en la pequeña, abarrotada e insalubre reserva de Bosque Redondo, en Fort Sumner. Sin embargo, en 1868 se firmó un nuevo tratado que les permitió regresar a su tierra natal. La Reserva Navajo, hoy conocida como la Nación Navajo, acabaría abarcando 27.000 millas cuadradas en Arizona, Utah y Nuevo México.

Para los propios navajos, su origen es una historia muy diferente, a la que se suele hacer referencia como la Historia del Surgimiento. En esta historia, el Primer Hombre y la Primera Mujer, junto con su pueblo, emergieron del Primer Mundo al Cuarto Mundo, también conocido como el Mundo de la Superficie Terrestre. El Primer Hombre trajo consigo cuatro montañas sagradas del Tercer Mundo, que marcaron la tierra sagrada del pueblo navajo. Hoy en día, las montañas se conocen como el pico Blanco en Colorado, la montaña Taylor en Nuevo México, la montaña Humphreys en Arizona y el pico Hesperus en Colorado. Sin embargo, para los navajos son la montaña Blanca, la montaña Turquesa, la montaña Amarilla y la montaña Oscura, respectivamente.

Los navajos adquirieron importancia durante la Segunda Guerra Mundial, cuando se utilizó su lengua para engañar a los japoneses. Los «Code Talkers» (locutor de claves) eran navajos de excepcional valentía que se convirtieron en héroes en el Teatro del Pacífico, pero no fueron los únicos. Miles de navajos se alistaron en el Ejército, la Marina, el Cuerpo de Marines y el Cuerpo Femenino del Ejército, por no hablar de los que abandonaron la reserva para trabajar en industrias relacionadas con la guerra. Hoy, la población de la Nación Navajo supera los 250.000 habitantes. El gobierno navajo consta de los poderes ejecutivo, legislativo y judicial, y el Consejo de la Nación Navajo está formado por 88 delegados que representan a 110 capítulos de la Nación Navajo. Es uno de los órganos de gobierno nativo americano más exitosos que existen.

Los comanches

Los comanches se llaman a sí mismos Nermernuh. El nombre «comanche» es una palabra ute que significa «cualquiera que quiera pelear conmigo todo el tiempo». Originalmente, los comanches formaban parte de los shoshone de Wyoming, pero se separaron y se trasladaron al sur, desplazando a otras tribus como los apaches. Hablaban una lengua uto-azteca, que se cuenta entre las familias lingüísticas más grandes y antiguas de Norteamérica, con hablantes que en un tiempo se extendían desde Oregón hasta Panamá. En el siglo XIX eran una tribu numerosa y poderosa, con entre 7.000 y 30.000 miembros.

Al igual que otros nativos americanos de las Grandes Llanuras, los comanches adoptaron rápidamente el uso de caballos de los españoles. Llevaban un estilo de vida nómada, siguiendo y cazando rebaños de bisontes. Su principal industria era la transformación del bisonte en abrigos, cubiertas de tipis, soportes para el agua y artículos que vendían o intercambiaban por otros bienes. A finales del siglo XIX, había trece grupos distintos dentro de la tribu, de los cuales los cinco principales eran los yamparika (devoradores de yap), los kotsoteka (devoradores de bisontes), los penateka (devoradores de miel), los nokoni (errantes o los que vuelven atrás) y los quahadis (antílopes).

En 1864, Kit Carson dirigió una infructuosa campaña contra los comanches. Al año siguiente, los comanches firmaron un tratado con Estados Unidos en el que se les prometía el oeste de Oklahoma; sin embargo, el gobierno estadounidense hizo poco por impedir que los ocupantes ilegales entraran en su territorio. En 1867, aumentó la tensión entre los comanches y Estados Unidos, lo que desembocó en actos violentos. A raíz de esto, los comanches iban a ser asentados en una reserva en Oklahoma, pero los ocupantes ilegales blancos siguieron invadiendo sus tierras. Los enfrentamientos continuaron entre ambos. Aun así, no todas las bandas comanches se asentaron en la reserva. Quanah Parker lideró a los comanches del Antílope durante la guerra del río Rojo, que terminó en 1875 cuando Parker y su banda comanche se rindieron al ejército estadounidense en Fort Sill y se asentaron en la reserva comanche de Oklahoma.

Los intentos de convertir a los comanches en agricultores no tuvieron éxito, pero sí criaron ganado. En 1930, el descubrimiento de petróleo y gas natural a lo largo del río Rojo benefició a algunas tribus cuando arrendaron sus asignaciones a compañías petroleras. Algunos terratenientes se hicieron muy ricos en las décadas de 1970 y 1980 gracias a este acuerdo. También se abrió un casino en Lawton, la capital tribal, cuyos beneficios se destinan a importantes iniciativas tribales. En la actualidad, los comanches se cuentan por decenas de miles.

Los apaches

La denominación «apache» es generalizada. Varios grupos bajo ese término paraguas también se han llamado Yutaglen-ne, Ypandi, Tontos, Querechos, Natagee, Gilenos, Faraones, Mescalero, Lipan y Apachu, entre otros. El nombre *apachu* fue utilizado por el pueblo onate para describir a un grupo que vivía en las llanuras del sur. Los españoles cambiaron el nombre por el de apache y lo utilizaron para describir a varios grupos, pero no se utilizó universalmente hasta el siglo XIX. Los entonces llamados apaches tenían sus raíces en Canadá y en las zonas del norte de las Grandes Llanuras. Con el tiempo emigraron al sur y vivieron en las llanuras meridionales de Texas, Oklahoma y Nuevo México.

Cuando Coronado viajó por las Llanuras del Sur en 1541, se encontró con los querechos y los teyas, que probablemente eran apaches.

No se sabe con exactitud cuándo emigraron los apaches hacia el sur, pero cuando lo hicieron, se separaron en dos grupos distintos: los apaches orientales y los apaches occidentales. Hubo otras subdivisiones más. Como la mayoría de los nativos americanos, la principal unidad social era la familia extensa, que podía ser bastante grande y que los exploradores europeos y los colonos estadounidenses solían llamar aldea. A menudo existían grandes grupos, a veces denominados bandas, así como grupos aún mayores, a menudo identificados como tribus. Sin embargo, esta distinción siempre se hace desde una perspectiva europea o estadounidense y a menudo no es como los pueblos se veían a sí mismos. Los españoles utilizaban indistintamente los términos navajo y apache, pero hoy en día se consideran grupos muy separados. Algunas de las divisiones de los apaches se identifican por su nombre, como los apaches mescaleros y los lipanes. Otros nombres de grupo, como los pelones, no llegaron a ser preeminentes en la identificación por parte de los forasteros.

Con el tiempo, los apaches se desplazaron aún más al sur, a medida que los comanches penetraban en su territorio. Finalmente, en el siglo XVIII, se asentaron a lo largo del río Pecos y del río Grande, donde preocuparon a los españoles, que los veían como una amenaza. Los apaches, sin embargo, estaban más preocupados por el movimiento hacia el oeste de los británicos y luego de los estadounidenses. Se aliaron con sus anteriores enemigos, los jumanos y los tonkawa, y permitieron que los españoles establecieran misiones en su territorio. Una misión, la de Santa Cruz de San Sabá, también tenía un fuerte o presidio. Este fue atacado por los comanches y otros aliados, todos enemigos de los apaches, y fue abandonado. Las misiones no tuvieron mucho éxito, ya que querían convencer a los apaches de que abandonaran su estilo de vida nómada y cultivaran cosechas como el maíz. La zona de distribución de los apaches era muy amplia, y se realizaban incursiones y viajes de caza a México y a través de las Grandes Llanuras. Cuando Estados Unidos entró en guerra con México en 1846, los apaches concedieron a Estados Unidos el paso seguro a través de sus tierras y reconocieron las reclamaciones estadounidenses sobre anteriores porciones de México. Sin embargo, en la década de 1850, estalló la violencia entre los estadounidenses y los apaches en lo que a veces se llama «las guerras apaches». En 1875, Estados Unidos expulsó por la fuerza a 1.500 apaches de su tierra natal para que marcharan 180 millas hasta la Agencia India de San Carlos. Aun así, otros apaches se resistieron. La derrota final llegó en 1886, cuando la banda de Gerónimo, compuesta por cincuenta hombres, mujeres y niños, se vio obligada a rendirse ante 5.000 soldados estadounidenses en Arizona.

La Reserva Apache Mescalero fue creada por orden ejecutiva el 27 de mayo de 1873 por el presidente Ulysses S. Grant. Al principio, los apaches de allí solo eran 400, pero otros se les han ido uniendo a lo largo de los años. Formaron un gobierno dirigido por un Consejo Tribal de ocho miembros, con un presidente y un vicepresidente. Su constitución se estableció en 1965.

SEGUNDA SECCIÓN:
SENDEROS Y TRIBULACIONES

Capítulo 7: Andrew Jackson y Martin Van Buren

Andrew Jackson, séptimo presidente de los Estados Unidos de América.
https://commons.wikimedia.org/wiki/File:Andrew_jackson_head.jpg

Nacido de inmigrantes irlandeses en el interior de Carolina, Andrew Jackson tuvo unos orígenes ciertamente humildes. Su padre, Andrew Jackson, murió antes de que naciera el joven. Nació en 1767 en la región de Waxhaws, en la colonia de Carolina; aún se discute si nació en Carolina del Norte o del Sur. La Revolución estadounidense comenzó cuando él era apenas un adolescente, pero se unió a sus hermanos mayores y se convirtió en un niño soldado, con la intención de luchar contra los opresores británicos y conseguir la independencia de Estados Unidos. Su hermano Hugh murió expuesto al sol mientras luchaba. Andrew y su otro hermano, Robert, fueron capturados y contrajeron la viruela. La enfermedad mató a Robert, pero dejó a Andrew, que nunca había sido un niño especialmente sano, devastado por la enfermedad. Su madre consiguió liberar a Jackson y lo llevó a casa, pero murió repentinamente de cólera poco después. Jackson se quedó sin familia y tuvo que depender de la amabilidad de sus vecinos de Waxhaws. A pesar de sus dificultades, se convirtió en un bebedor empedernido, jugador, aficionado a los caballos y propenso a los duelos. Tenía el honor en la más alta estima y no toleraba ninguna mancha ni en él ni en aquellos a los que quería.

Tras la formación de los Estados Unidos, Jackson estudió derecho y consiguió empleo en Nashville, Tennessee, que entonces era una ciudad fronteriza. Allí conoció y se casó con Rachel Donelson, que había sido atacada por nativos americanos cuando era niña y se dirigía a vivir a Tennessee. Rachel había estado casada antes, pero se había divorciado. Esto nunca preocupó a Jackson, pero le causaría problemas más adelante. Entró en política en 1795 como jeffersoniano acérrimo, opuesto a un gobierno central fuerte. Era popular debido a sus orígenes: los votantes sentían que podía identificarse con su dura vida. Se convirtió en senador y construyó una gran plantación llamada Hermitage, donde poseía muchos esclavos y cultivaba algodón. Rápidamente se convirtió en uno de los hombres más ricos de Tennessee.

Jackson, como ciudadano y representante de los hombres de frontera, siempre consideró a los nativos americanos como un enemigo, en concreto a cualquiera que no se sometiera al poder estadounidense. En 1802 fue nombrado general de división de la Milicia Estatal de Tennessee. Al comienzo de la guerra de 1812, Jackson estaba ansioso por participar en la contienda. Cuando en 1813 recibió órdenes de contener la amenaza de los nativos americanos en Florida y el sur de Alabama, debió de aprovechar la oportunidad y demostró estar a la altura del desafío.

Jackson y sus hombres estaban especialmente motivados tras la masacre de Fort Mims; se dice que Jackson estaba particularmente indignado por estos sucesos. Sin embargo, como suele ocurrir, las cosas eran más complicadas de lo que parecía a primera vista. Jackson no creía, por ejemplo, que todos los nativos americanos fueran esencialmente malvados, y no creía, a pesar de lo que algunos afirman, que los nativos americanos debieran ser exterminados. El propio Samuel Mims era en parte nativo americano, al igual que muchos de los hombres de la milicia, y muchos de los aliados de Jackson eran cheroquis. En una batalla, un cheroqui salvó la vida de Jackson. Sin embargo, lo más seguro es que Jackson pensara que los nativos americanos eran de una raza inferior a la suya y que, por tanto, debían someterse al control estadounidense. Para Jackson, si un nativo mataba a un colono blanco, perdía la vida. Tras supervisar la matanza de Tallushatchee, Jackson informó felizmente a sus superiores de que había matado a 200 nativos americanos. Como dijo uno de los soldados, Davy Crockett, les habían «disparado como a perros».

La milicia de Jackson y los aliados creek y cheroqui acabaron arrollando a los bastones rojos en Horseshoe Bend, completando así, y quizá superando, la misión de Jackson de contener la amenaza. Por su labor, Jackson fue nombrado general de división del ejército regular. Entre 1816 y 1820, firmó cinco tratados con los nativos americanos para obtener decenas de millones de acres tanto de enemigos como de aliados. En 1817, Jackson experimentó con el traslado forzoso en un tratado conseguido con sobornos de los cheroquis. Intercambió dos millones de acres en Tennessee, Georgia y Alabama por dos millones en Arkansas. Jackson era expansionista y creía que Estados Unidos necesitaba más tierras para su creciente población y su industria agrícola. Los nativos americanos se interponían en su idea de progreso. Con esta idea en mente, llevó la lucha a la Florida española en la primera guerra Seminola, consiguiendo finalmente que Florida se convirtiera en un nuevo estado.

Jackson se presentó a las elecciones presidenciales de 1824, pero perdió por un estrecho margen frente a John Quincy Adams. Volvió a presentarse cuatro años después y ganó el cargo de comandante en jefe. Su éxito en las urnas fue una declaración sobre la naturaleza cambiante de la política estadounidense de la época. Jackson no pertenecía a la aristocracia sureña ni a la élite intelectual del norte; era un plebeyo. Sin embargo, sus ambiciones, principios y éxitos distaban mucho de ser comunes. Fue una de las primeras historias estadounidenses de «pobreza y riqueza» y el héroe militar más destacado de su época. Como presidente, era mucho lo que quería conseguir. Deseaba acabar con el Segundo Banco de los Estados Unidos, que consideraba demasiado poderoso, y pasar a la moneda fuerte. Le preocupaba la creciente animosidad entre los manifestantes antiesclavistas y los propietarios de esclavos, incluido él mismo. En su primer discurso inaugural, prometió observar una política «justa y liberal» hacia los nativos americanos. Era la promesa típica de un político, vaga y evasiva, que no promete nada.

En 1829, Georgia quiso expulsar a los cheroquis de su estado, en parte debido al descubrimiento de oro en tierras cheroquis. Jackson pensó que había llegado el momento de establecer una política federal clara sobre todas las cuestiones relacionadas con los nativos americanos y creyó que la mejor política para Estados Unidos era la reubicación «voluntaria» de todos los nativos americanos en zonas situadas al oeste del Misisipi. Con este espíritu, presentó la Ley de Traslado Forzoso de Indios. Esta propuesta de ley gestionaría la migración de miles de nativos americanos. Varias personas escribieron en protesta por el trato que Jackson daba a los nativos americanos, pero Jackson creía que las protestas estaban organizadas por sus enemigos políticos y no eran verdaderas expresiones de un deseo de derechos para los nativos americanos. Los cheroquis argumentaban que eran un estado soberano y una nación separada, pero Jackson no estaba de acuerdo. No creía que la existencia de naciones separadas dentro del territorio estadounidense fuera constitucional. Jackson se aseguró de que los partidarios de la expulsión ocuparan puestos clave, y su protegido, Martin Van Buren, trabajó incansablemente para conseguir el voto que convirtiera en ley la expulsión de los indios, aunque se preguntaba si eso podría perjudicarlo políticamente. Cuando la Ley de Traslado Forzoso de Indios se aprobó por un estrecho margen en 1830, Jackson no podía estar más satisfecho. Pensó que lo mejor para los estadounidenses y los nativos americanos era el traslado bajo protección federal para que los nativos americanos pudieran vivir como quisieran. El traslado de indios no fue genocida, pero no respetaba la vida de los nativos americanos en su aplicación.

El traslado resultó ser ruinoso para los nativos americanos, no la protección paternal que Jackson y otros habían vendido a los nativos americanos y a la población estadounidense. Los planes de adjudicación en los que los nativos americanos podían recibir propiedades privadas dieron lugar a fraudes en los que los estafadores compraban tierras a los nativos americanos por mucho menos de lo que valían. Esto dejó a muchos sin hogar y los llevó a la delincuencia. Este fue el caso de los creek de Alabama, que obligaron a 15.000 personas a desplazarse al oeste. No se proporcionaron fondos suficientes para el viaje, lo que llevó a horribles condiciones en el «Sendero de las Lágrimas». Miles murieron de viruela, cólera, desnutrición y exposición. Fue quizá la primera marcha de la muerte de la historia.

Los cheroquis se defendieron en los tribunales. En el caso *Cheroqui contra Georgia*, el Tribunal Supremo dictaminó que los cheroquis eran un estado nacional dependiente. Las cosas se aclararon en *Worcester contra Georgia*, en el que el tribunal dictaminó que el estado de Georgia no tenía autoridad sobre los cheroquis, que solo estaban bajo jurisdicción federal. Esto fue problemático para Jackson porque se apoyaba en las autoridades estatales para hacer las cosas desfavorables a los nativos americanos y convencerlos así de que se ofrecieran «voluntariamente» para la expulsión. Sin embargo, Georgia se negó a reconocer el fallo del tribunal y Jackson se negó a aplicarlo.

Jackson es recordado con razón como un enemigo de todos los nativos americanos, incluso de aquellos a los que consideraba aliados, porque su insistencia en la «solución» de la expulsión se basaba en ideas racistas y era, como mínimo, condescendiente con los nativos americanos y, en el peor de los casos, muy mortífera. En 1837, la administración de Jackson había expulsado a 46.000 nativos americanos de sus tierras natales hacia tierras situadas al oeste del río Misisipí, muchos de ellos a punta de bayoneta. A menudo no se permitía a los nativos americanos recoger sus pertenencias, y los blancos saqueaban sus casas cuando se marchaban.

Aunque gran parte de la expulsión de los indios fue llevada a cabo por Jackson, se dejó más en manos de su predecesor, Martin Van Buren. Este, al igual que Jackson, tenía orígenes humildes, pero sus puntos de partida estaban muy alejados. Van Buren era hijo de un tabernero de Kinderhook, Nueva York. Además, al igual que Jackson, era un abogado que primero había ascendido en la política estatal y luego fue elegido senador de EE. UU. Se convirtió en el jacksoniano más famoso del norte y fue nombrado secretario de Estado por Jackson. Van Buren pronto demostró ser el asesor de confianza de Jackson dentro del Gabinete. Después de que el vicepresidente John C. Calhoun y Jackson se pelearan, Jackson nombró a Van Buren su nuevo vicepresidente en su segundo mandato. Van Buren se ganó el apodo del «pequeño mago» por su baja estatura y su habilidad para negociar circunstancias políticas difíciles. Van Buren se convirtió entonces en el 8º presidente de los Estados Unidos gracias en gran parte al apoyo de Jackson.

Cuando Van Buren asumió el cargo, miles de nativos americanos ya habían sido reubicados como parte de la Ley de Traslado Forzoso de Indios de 1830. Van Buren apoyó totalmente la ley y se propuso aplicarla con tanto vigor como su mentor. Van Buren veía su papel como el de un guardián y benefactor de los nativos americanos. Se desconoce cómo rectificó esta imagen con los informes de miles de muertos en el Sendero de las Lágrimas. Su principal objetivo como «benefactor» era reunir a los últimos cheroquis al este del Misisipi y obligarlos a trasladarse a tierras del oeste. Un grupo de cheroquis había firmado el Tratado de Nueva Echota, que renunciaba a todas las tierras cheroquis al este del Misisipi, pero los firmantes no representaban a toda la población cheroqui. Van Buren ignoró este hecho y envió al ejército a capturar a los cheroquis y recluirlos en campos de internamiento.

Los cheroquis restantes se vieron obligados a recorrer el Sendero de las Lágrimas, y se calcula que unos 4.000 murieron durante la marcha invernal de 1838. Para Van Buren, sin embargo, había sido un éxito, uno de los pocos de su empañado mandato. Poco después de asumir el cargo, el país sufrió el Pánico de 1837, la peor crisis financiera de su historia. Las políticas económicas de Van Buren resultaron ineficaces ante el problema, y perdió su candidatura para un segundo mandato. Sus esfuerzos por detener la anexión de Texas también resultaron insuficientes, ya que el estado entró en la unión poco después de que él dejara el cargo. Su temor a una guerra con México se hizo realidad. Se presentó de nuevo a las elecciones presidenciales por el partido Free Soil, que se oponía a la expansión de la esclavitud, pero perdió. Murió al comienzo de la guerra de Secesión.

Tanto Jackson como Van Buren afirmaron que sus políticas hacia los nativos americanos eran justas y acertadas. Para los nativos americanos era todo lo contrario. Puede que Jackson y Van Buren no pretendieran que la expulsión de los indios fuera un genocidio, pero en la práctica lo fue, porque mató a miles de nativos americanos inocentes, obligados a participar en estas marchas simplemente por ser nativos americanos. Jackson es recordado como un fuerte líder militar, y ciertamente lo era, pero trataba a sus aliados tan mal como a sus enemigos si eran nativos americanos. El legado de Jackson y Van Buren es un legado en el que el racismo traspasa todas las perspectivas. Eran hombres del pueblo, pero para ellos, «el pueblo» solo se definía como los hombres blancos. Eran populistas solo porque apelaban y se preocupaban por la población votante. Los esclavos, las mujeres, los inmigrantes no blancos y los nativos americanos debían ser protegidos por la benevolencia de los hombres blancos, pero esa benevolencia solo llegaba hasta cierto punto. Si se hubiera reservado el dinero adecuado y lo hubieran gestionado hombres honrados, el Sendero de las Lágrimas habría seguido siendo excepcionalmente racista, pero al menos no habría sido tan mortífero. La responsabilidad de la muerte de estos nativos americanos debe recaer sobre alguien. Y, puesto que los que orquestaron la política al más alto nivel querían ser aclamados por sus acciones, también merecen la responsabilidad y el legado de sus acciones antihumanitarias. Cada muerte en el Sendero de las Lágrimas recae sobre Jackson y Van Buren, además de muchas otras muertes.

Capítulo 8: Ley de Traslado Forzoso de Indios de 1830

A principios del siglo XIX, a menudo se describía a la población estadounidense como ávida de tierras. Los estadounidenses, muchos de ellos recién llegados de Inglaterra, Irlanda y Escocia, deseaban grandes extensiones de tierra para dedicarse principalmente a la agricultura. En el sur, más cálido, los plantadores querían grandes extensiones para cultivar grandes cantidades de arroz, tabaco y algodón. En el norte, más templado, los agricultores se centraron en el cultivo de cereales y maíz. En ambas zonas se criaba ganado, especialmente porcino y vacuno. Los estadounidenses empujaban continuamente hacia el oeste, hacia lo que se convertiría en Ohio, Kentucky, Virginia Occidental, Pensilvania, las Carolinas, Tennessee, Alabama y Misisipi. La promesa de tierras ricas y prosperidad anulaba los peligros de las poblaciones nativas o el hecho de que estos estadounidenses rompían los tratados establecidos con varias tribus nativas americanas. Las colonias estadounidenses, que empezaron en las costas, continuaron invariablemente un empuje constante hacia el interior. En Ohio, por ejemplo, cuando se estableció el primer asentamiento oficial estadounidense en la ciudad de Marietta, ya había decenas de familias que se habían asentado en esa zona y habían sido expulsadas por los nativos americanos, para ser sustituidas por más ocupantes ilegales.

Aunque no cabe duda de que las enfermedades hicieron mella en las poblaciones nativas americanas, fue realmente el incesante suministro de colonos blancos lo que selló el destino de las tribus de estas zonas más que cualquier avance tecnológico o imaginario de la sociedad. Tanto el crecimiento demográfico en las islas británicas como la promesa de grandes riquezas en el «Nuevo Mundo» llevaron a Estados Unidos a la previsible rutina de firmar tratados para luego romperlos y obligar a los nativos americanos a abandonar sus tierras. Es posible que algunos de los estadounidenses que firmaron estos tratados creyeran que se cumplirían, pero muchos debían de saber que eran promesas falsas. Los dirigentes estadounidenses tenían poco o ningún control sobre la expansión de su país hacia el río Misisipi; con el tiempo, esta realidad se describiría como «destino manifiesto», dándole la implicación de algo mayor de lo que era.

A principios del siglo XIX, había bastado con que el gobierno federal concertara tratados con las tribus según su criterio, pero en la década de 1820 se hizo evidente para algunos que era necesaria una política federal estándar que dictara cómo tratar los asuntos de los nativos americanos. Cuando Jackson ganó las elecciones de 1828, ya tenía en mente una «política india» nueva y de gran alcance, con la creencia de que los nativos americanos del sureste debían renunciar a sus tierras y trasladarse a las tierras situadas al oeste del río Misisipí. Los anteriores presidentes Jefferson y Monroe habían expresado su deseo de hacer precisamente eso, pero nunca habían propuesto ninguna legislación. Jackson ya lo había hecho después de la batalla de Horseshoe Bend, cuando obligó a los creek a renunciar a veintidós millones de acres en el sureste por veintidós millones de acres en lo que se convertiría en Arkansas.

Los nativos americanos se habían adaptado a esta nueva estrategia. Reconocían que no podían derrotar a los estadounidenses en la batalla, puesto que ya no podían confiar en las alianzas con potencias europeas como Inglaterra, Francia o España para contrarrestar a los estadounidenses, que los superaban en número. En su lugar, los creek, cheroquis, choctaw y chickasaw pensaron que la mejor respuesta sería el apaciguamiento. Estas tribus empezaron a conformarse con los ideales estadounidenses en gran número. Según su teoría, si cedían parte de sus tierras a los estadounidenses, tal vez podrían conservar algunas de sus tierras natales y vivir junto a ellos. Si se parecían a los estadounidenses, cultivaban como ellos, eran cristianos como ellos y poseían esclavos como sus vecinos estadounidenses, quizá los estadounidenses mantuvieran su palabra. Por supuesto, en retrospectiva, uno puede ver que subestimaron lo mucho que los estadounidenses deseaban sus tierras y cómo nunca verían a los nativos americanos como iguales. Aun así, estas tribus tenían muy pocas opciones en las circunstancias en las que se encontraban.

El proceso de la Ley de Traslado Forzoso de Indios consistía en que el presidente estableciera primero las tierras al oeste del Misisipi y ofreciera asignaciones de esas tierras a las tribus de nativos americanos. A los que no quisieran ir al oeste se les asignarían tierras en su estado actual y se convertirían en ciudadanos estadounidenses sujetos a las leyes de Estados Unidos. (Jackson creía que solo los terratenientes más ricos entre los nativos americanos aceptarían esta opción). La ley establecía un lenguaje específico que otorgaba al presidente el poder de garantizar que la tierra que estaba dando a los nativos americanos sería siempre suya. Sin embargo, si los nativos americanos se extinguían o abandonaban la tierra, esta volvería a ser propiedad de Estados Unidos. También establecía que si la tierra que los nativos americanos abandonaban había sido mejorada por ellos de alguna manera, se le daría un valor a las mejoras y se les pagaría ese valor (esto rara vez ocurría). Se exigiría al presidente que proporcionara ayuda y asistencia «adecuadas» para que los nativos americanos emigraran a sus nuevas tierras y que les proporcionara ayuda y asistencia durante el primer año que ocuparan sus nuevas tierras. La ley también especificaba que se reservaran 500.000 dólares para ayudar a hacer cumplir la ley tal y como se describe. (Muy poco de ese dinero se utilizó para ayudar a los nativos americanos).

El 26 de mayo de 1830, la Cámara de Representantes de Estados Unidos votó la Ley de Traslado Forzoso de Indios. Se aprobó por un estrecho margen de 102 votos a favor y 97 en contra. El senador Theodore Frelinghuysen de Nueva Jersey y otros se opusieron firmemente a la ley en el Senado. Sin embargo, Jackson y sus poderosos partidarios eran más de lo que se podía esperar. La ley fue rápidamente aprobada en el Senado y promulgada por Jackson el 28 de mayo de 1830. En diciembre de ese año, Jackson esbozó su política de traslado de indios en su segundo mensaje anual, afirmando que se alegraba de anunciar que la «benevolente política del Gobierno» se acercaba a su fin, pues ya había trasladado a varios nativos americanos a tierras del oeste.

Frelinghuysen y sus compañeros del Senado no fueron los únicos que se oponían a la Ley de Traslado Forzoso de Indios. El representante de Tennessee Davy Crockett se opuso abiertamente al traslado de indios. Pero los mayores opositores eran los propios nativos americanos. En conjunto, no apoyaban el traslado de ninguna manera. Algunos simplemente lo veían inevitable, pero muchos instaban a sus líderes a contraatacar, normalmente por medios legales y no militares, lo que ya se había intentado. Las tierras a las que se les pedía que renunciaran eran sus hogares ancestrales: aldeas, bosques y montañas que habían formado parte de su cultura tanto como cualquier ritual o clan. El mayor grupo que se resistió fue el Cheroqui, que no sería expulsado por completo hasta 1839.

La Ley de Traslado Forzoso de Indios de Jackson codificó los objetivos de Estados Unidos. Cuando se aprobó la ley, Jackson y su administración tuvieron libertad para persuadir, sobornar y amenazar a las tribus para que cedieran sus tierras en el sureste. En el proceso de aplicación de la Ley de Traslado Forzoso de Indios, Jackson firmó setenta tratados con los nativos americanos, forzándolos, finalmente, a lo que sería el este de Oklahoma. En la década de 1840, salvo el pequeño grupo de Seminolas que luchaban en Florida, no quedaba ningún nativo americano desde la costa atlántica hasta el río Misisipí en el sur de Estados Unidos.

Hubo un intento en el Senado de asegurarse de que la calidad de la tierra a la que se trasladaba a los nativos americanos fuera la misma que la de la tierra que abandonaban, pero fue descartado. Por lo tanto, muchos nativos americanos encontraron las nuevas tierras áridas y carentes de madera y caza. No solo eso, sino que el nuevo territorio al que fueron enviados no estaba completamente desprovisto de sus propios nativos. De ahí que el proceso de desplazamiento y violencia se extendiera por las Grandes Llanuras.

Aun así, el lenguaje de la Ley de Traslado daba la impresión de que los nativos americanos eran enviados a nuevas tierras para formar sus propias naciones lejos de los colonos blancos. En 1830, los estadounidenses debían de ser conscientes de que la frontera seguiría avanzando hacia el oeste hasta llegar al Pacífico. La idea de que los colonos blancos no cruzarían el Misisipi, sostenida a menudo a principios del siglo IX, hacía tiempo que se había demostrado infundada. Después de todo, Missouri se había convertido en estado en 1821. Arkansas entraría en la unión en 1836. En 1839, cuando los últimos cheroquis cruzaban el Misisipi, se fundó la Universidad de Misuri, la primera de su clase al oeste del río. El Territorio Indio seguiría siéndolo hasta que, finalmente, en 1907, Oklahoma se convirtió en el 46º estado.

Pero los nativos americanos querían algo diferente. Intentaron por todos los medios conservar sus tierras ancestrales: ése era su principal objetivo. Estaban dispuestos a vivir como blancos y a ser aceptados en su sociedad siempre que pudieran conservar sus tierras. Crearon periódicos como el *Cherokee Phoenix*, que aplaudía la forma en que los cheroquis y otras tribus vestían con ropas finas, iban a la iglesia y criaban ganado. En la misma edición en la que el *Cherokee Phoenix* anunciaba la Ley de Traslado, también aparecía una buena reseña de los chickasaw, que habían abandonado la costumbre de que las mujeres trabajaran en el campo. En su lugar, los hombres trabajaban en el campo mientras las mujeres de la familia se quedaban en casa y se ocupaban de los asuntos domésticos. Los caballos de los chickasaw se describían como más fuertes y resistentes que los de los hombres blancos. Pero no era suficiente. Los nativos americanos podían aparentar y actuar como tales —incluso superar a los blancos en ciertos aspectos—, pero no serían aceptados en la sociedad estadounidense. Los estadounidenses, al menos los que tenían más poder, solo estarían contentos si los nativos americanos fueran total y absolutamente eliminados.

Capítulo 9: El Tratado de Nueva Echota

En 1790, un niño en parte escocés y en parte cheroqui llamado John Ross nació en Alabama. Creció aprendiendo la cultura Cheroqui de su madre y su abuela materna, además recibió una buena educación en las escuelas de Tennessee, donde vivía su familia. Instó a los cheroquis a aliarse con Estados Unidos en la guerra de los creek contra los bastones rojos. Ross se unió a la lucha y formó parte de una unidad cheroqui bajo el mando de Andrew Jackson. Tras la guerra, fundó una plantación en Tennessee dedicada al cultivo de tabaco. Construyó un almacén y puso en marcha un servicio de transbordador desde el lado cheroqui hasta el lado estadounidense del río Tennessee. La comunidad que creció alrededor de sus tierras se llamó Ross' Landing. Esta ciudad acabaría convirtiéndose en Chattanooga. También empezó a participar en la política cheroqui. En 1816, viajó a Washington, D. C., como parte de una delegación para negociar las fronteras y la invasión blanca. En 1828, fue elegido jefe principal de la Nación Cheroqui. En aquel momento, los cheroquis habían redactado una constitución, formado un consejo nacional y tribunales, y establecido una capital en Nueva Echota, en Georgia. Otros líderes cheroquis de la época eran Elias Boudinot y John Ridge.

Desde la década de 1820, los cheroquis tenían una lengua escrita y su propio periódico publicado tanto en inglés como en cheroqui. En 1830, muchos cheroquis sabían leer y escribir. Los misioneros de la nación también impartían educación cristiana en inglés. Los programas federales proporcionaron a muchos cheroquis herramientas y formación para que pudieran cultivar sus tierras del mismo modo que los blancos. Los cheroquis eran hombres de negocios, agricultores, esclavistas y comerciantes. Poseían tabernas o, como Ross, ferris. Habían demostrado ser firmes aliados de Estados Unidos durante las tres décadas anteriores.

Aun así, no era suficiente para apaciguar a sus vecinos. Los estadounidenses blancos no sabían distinguir entre nativos amistosos y enemigos. Desconfiaban de toda la raza de los nativos americanos y codiciaban sus tierras fértiles y sus cotos de caza. Muchos estadounidenses se aferraron a las historias del ataque a Fort Mims y otras acciones llevadas a cabo por los bastones rojos en la década de 1810 y creyeron erróneamente que los cheroquis estaban implicados, a pesar de que los cheroquis lucharon contra los bastones rojos bajo el mando de Jackson.

La ya tensa situación empeoró cuando se encontró oro en Dahlonega, condado de Lumpkin, Georgia, a setenta millas de Nueva Echota. Los estadounidenses, especialmente en el estado de Georgia, querían la tierra en la que se encontró el oro, y desde luego querían el oro mismo. A pesar de que el oro se encontraba en tierras cheroquis, los blancos empezaron a llegar a la región y a establecer explotaciones mineras individuales, normalmente de placer, en las que se utiliza una caja de balancín o una caja de esclusa para cribar arena en el lecho de un arroyo. La búsqueda de oro no era la razón principal por la que Georgia quería expulsar a los cheroquis de sus fronteras, pero era una de ellas.

Con esto en mente, Georgia aprobó una nueva ley en 1828 que entraría en vigor en 1830. En ella se anexionaban todas las tierras cheroquis dentro de las fronteras de Georgia, se anulaban todas las leyes cheroquis y se prohibía a cualquier persona con sangre nativa americana testificar en un juicio contra un hombre blanco. Antes de que la nueva ley entrara en vigor, el Congreso aprobó la Ley de Traslado Forzoso de Indios. Cuando se aprobó esa ley, Georgia también aprobó una ley que decía que los cheroquis no podían sacar oro de sus tierras. El gobernador Gilmer de Georgia afirmó que el estado poseía el título de propiedad de las tierras cheroquis, incluidos todos los derechos minerales. Georgia también aprobó leyes para impedir que el Consejo Tribal Cheroqui se reuniera dentro del estado. En 1831, los topógrafos entraron en el territorio cheroqui y empezaron a dividir la tierra en lotes de 160 acres y lotes de oro de 40 acres. Estos lotes se sortearon en todo el estado. Los ganadores de la lotería expulsaron de sus propiedades a destacados cheroquis como John Ross y el acaudalado Joseph Vann. Sin embargo, las tierras pertenecientes a los cheroquis favorables a la expulsión quedaron fuera de la lotería. En 1834, esto incluyó a Elias Boudinot y John Ridge.

Las reuniones del Consejo se trasladaron a Tennessee, donde muchos cheroquis se mudaron después de que Georgia les arrebatara sus tierras. John Ross se trasladó a Red Hill, donde se reunía el consejo, y Vann dejó su plantación de Georgia por la casa que ya poseía en Tennessee. Muchos misioneros permanecieron en tierras cheroquis en Georgia, lo que era técnicamente ilegal, y fueron arrestados. La mayoría de ellos se sometieron a las autoridades estatales, pero dos, Elizur Butler y Samuel Worcester, no lo hicieron y fueron condenados a cuatro años de trabajos forzados. En la sentencia del Tribunal Supremo de 1832 en el caso *Worcester contra Georgia*, el tribunal declaró que la Nación Cheroqui era soberana y que las leyes de Georgia eran nulas.

Al conocer la noticia, John Ridge pidió una audiencia personal con el presidente Jackson para determinar cómo procedería el presidente. Si Ridge tenía esperanzas en la decisión del tribunal, pronto volvió a la Tierra cuando Jackson le informó en términos inequívocos de que no haría nada para aplicar el veredicto del tribunal. Jackson dijo a Ridge que la única esperanza para su pueblo era la expulsión. Antes de esto, se cree que Ridge había estado en contra de la expulsión, pero después de esta reunión, algunos sostienen que cambió su posición. Ridge lo negó, pero Jackson informó a un amigo de que Ridge había abandonado la audiencia con evidente desesperación. Ridge había formado parte de una delegación en Washington y, antes de que la delegación regresara a casa, corrió el rumor de que los miembros de la delegación estaban considerando la destitución. Ellos negaron las acusaciones, pero Ridge recibió no mucho después una carta de la Junta Americana de Comisionados para Misiones Extranjeras en la que se le decía que la causa Cheroqui no tenía remedio, que la decisión del Tribunal Supremo era inútil y que debían firmar un tratado de expulsión.

Después de esto, se produjo una división dentro de la Nación Cheroqui. Una parte, el Partido del Tratado, que incluía a John Ridge, su hijo John y Elias Boudinot, apoyaba la idea de negociar un tratado que incluyera la expulsión. Boudinot, editor del *Cherokee Phoenix*, dimitió porque no se le permitía publicar argumentos a favor de la expulsión. John Ross y sus partidarios llegaron a ser conocidos como el Partido Nacional; estaban estrictamente en contra de cualquier forma de expulsión. En 1834, las tensiones habían crecido hasta el punto de la violencia. En agosto, John Walker, Jr. Recibió un disparo cuando regresaba a casa de una reunión del consejo, supuestamente por sus opiniones a favor de la expulsión.

En otoño de ese año, los dos bandos celebraron reuniones del consejo por separado. El Partido del Tratado redactó una resolución en la que explicaba que consideraba que la mejor opción para su pueblo era la expulsión. El Departamento de Guerra estadounidense ignoró al Partido Nacional y solo trató con el Partido del Tratado. Ross, sin embargo, persistió en su exigencia de ser escuchado por el gobierno estadounidense. Su partido se mantuvo en negociaciones hasta 1835. Mientras tanto, un emisario del Departamento de Guerra estadounidense llamado Schermerhorn propuso un nuevo consejo en Nueva Echota en diciembre de 1835. Boudinot y Ridge fueron invitados, pero le dijeron a Schermerhorn que pocos cheroquis asistirían. En octubre, la Guardia Nacional de Georgia allanó la casa de John Ross y lo arrestó. Estuvo detenido durante doce días y luego fue liberado sin dar explicaciones.

En diciembre, Ridge, Boudinot y entre 300 y 400 cheroquis llegaron a Nueva Echota. Veinte hombres cheroquis hicieron la mayor parte de las negociaciones y el 29 de diciembre de 1835 firmaron o dejaron su huella en el Tratado de Nueva Echota. En él se cedían las tierras cheroquis del este por 5 millones de dólares más el costo de la emigración y las tierras al oeste del Misisipi. Entre los firmantes estaban John Ridge, su hijo, y Elias Boudinot. El tratado fue ratificado por el Congreso en mayo de 1836. El tratado estipulaba que los cheroquis tenían dos años para abandonar sus tierras en Georgia, Tennessee, Carolina del Norte y Alabama. También estipulaba que los nativos americanos que quisieran permanecer en el este podrían convertirse en ciudadanos estadounidenses y se les asignarían 160 acres en sus tierras ancestrales, excepto en Georgia. En cuanto se supo del tratado, el Gobierno estadounidense envió tropas para vigilar y desarmar a los cheroquis en caso de que opusieran resistencia. Ross mantuvo la calma entre sus partidarios e intentó anular el tratado. Envió una petición con firmas que representaban a 16.000 cheroquis que se oponían al Tratado de Nueva Echota. El general Wool, al mando de las tropas estadounidenses, remitió las protestas al presidente Jackson, quien menospreció a Wool, diciendo que enviar esas protestas era una falta de respeto al presidente. Ya no quedaban opciones para los cheroquis. La expulsión se había convertido en una realidad.

Capítulo 10: El Sendero de las Lágrimas

Hablar del «Sendero de las Lágrimas» implica que solo hubo un sendero y quizás solo un caso. Esto da al público en general la idea de que podría haber sido accidental cuando, en realidad, hubo varios senderos a lo largo de muchos años. El gobierno estadounidense había intentado muchas veces el traslado de los nativos americanos del este a tierras del oeste, lo que a menudo implicaba una marcha mortal para un gran número de personas, que iban principalmente a pie y a duras penas, sin los suministros adecuados. Los creek, chickasaw, choctaw y seminola fueron trasladados a tierras al oeste del río Misisipi. Muchos murieron de enfermedades, agotamiento, exposición y desnutrición.

En 1837, cuando el primer grupo de cheroquis tras la firma del Tratado de Nueva Echota debía marchar hacia el oeste, el Departamento de Guerra y la Oficina de Asuntos Indios de los Estados Unidos ya habían llevado a cabo marchas de este tipo en numerosas ocasiones. Consideraban que estaban bien preparados para lo que se avecinaba; cualquier error que se hubiera cometido seguramente estaría resuelto para entonces. De hecho, ya había algunos cheroquis viviendo en el Territorio Indio cuando se firmó el infame Tratado de Nueva Echota. Tras realizar un censo, se decidió que era necesario expulsar a unos 4.000 hombres, mujeres y niños cheroquis. Sin duda era un número elevado, pero las fuerzas estadounidenses habían recibido mucha formación y experiencia real sobre los horrores de hacer marchar a civiles por terrenos abruptos.

Deberían haber sabido, se podría razonar, cuánta comida, agua, mantas y otros elementos se necesitarían. Podrían haber previsto los peligros de una marcha de este tipo y haberlos planificado. Sin embargo, si ese fuera el caso, ¿cómo podemos explicar el resultado final del «Sendero de las Lágrimas»"?

El primer grupo de cheroquis que partió lo hizo el día 1 de 1837. Consistía en 600 personas del Partido del Tratado, en su mayoría lo que podría considerarse de clase media o media-alta. Llevando consigo esclavos, caballos y bueyes, siguieron una ruta desde Tennessee a través de Kentucky, Illinois, Misuri y Arkansas. No se registraron muertes en este viaje.

El mayor John Ridge y su familia, junto con dieciocho esclavos, partieron en marzo. Con ellos iban casi 500 emigrantes bajo la dirección del Dr. John S. Young. Se trataba de una operación dirigida por el gobierno. Viajaron en barcos de vapor, que transportaban botes planos, y también en tren. Se registraron cuatro muertes. Varios emigrantes estaban enfermos, pero fueron atendidos por dos médicos que viajaban con el grupo. Llegaron al cabo de unas semanas.

Elias Boudinot y un grupo emigraron a caballo y en carreta, viajando a través de Nashville. Llegaron sin ninguna muerte.

El 23 de mayo de 1838, fecha límite para el traslado, llegó y dos mil cheroquis habían partido hacia el oeste, muchos de ellos del Partido del Tratado. John Ross siguió trabajando para conseguir la anulación o revocación del Tratado de Nueva Echota, pero fue en vano. El general Wool había sido sustituido por el coronel Lindsay, que a su vez fue sustituido por el general Winfield Scott. Cuando se cumplió el plazo, Scott comenzó a dar órdenes para iniciar la destitución. No era vago. En sus órdenes, dijo a todos los comandantes que reunieran a tantos cheroquis como fuera posible y llevaran a los «prisioneros» a depósitos de emigración en lugares clave. Explicó que estas operaciones debían repetirse una y otra vez hasta que toda la Nación Cheroqui se hubiera reunido para emigrar.

Dos mil soldados estaban bajo el mando de Scott, incluidos dos regimientos de artillería. Los cheroquis fueron sacados de sus casas y campos, a veces a punta de pistola, y trasladados a la fuerza de los campamentos provisionales a los depósitos. Scott ordenó a sus tropas que cumplieran con su deber de la forma más humana posible, sin excesiva violencia. Sin embargo, los cheroquis denunciaron que los soldados irrumpían en sus casas en mitad de la cena y los obligaban a salir a punta de bayoneta. Se ordenó a los soldados que entraran en todas las cabañas y edificios en busca de prisioneros. Los cheroquis tuvieron que abandonar sus pertenencias, que fueron recogidas días después de que las familias se marcharan y metidas en carromatos sin tener en cuenta lo que procedía de cada hogar.

En junio de 1838, más de 4.000 cheroquis se habían reunido en Ross' Landing, uno de los depósitos de emigración, para ser enviados al oeste. Al primer grupo se le ordenó, a punta de pistola, que embarcara en barcos de vapor y lanchas con rumbo a Decatur, Alabama. Allí embarcaron en trenes y luego en barcos de vapor, que viajaron hacia el norte por el río Tennessee hasta Paducah, Kentucky. En los barcos, los cheroquis estaban expuestos a los elementos y, en tierra, no tenían medios para acampar, ya que no habían tenido tiempo de prepararse para su repentina partida. Muchos habían mantenido la esperanza de que el Tratado de Nueva Echota pudiera anularse; algunos incluso habían rechazado ofertas de mantas por miedo a que se tomara como una señal de aceptación del temido tratado. A algunos de los cheroquis se les proporcionaron sábanas de algodón para hacer tiendas. Un comandante los describió como en «estado de indigencia»; se trataba de un grupo de 600 personas que aún no había sufrido ninguna muerte.

Un grupo de 876 cheroquis había viajado en barco hasta Morrilton, Arkansas, pero se vieron obligados a recorrer a pie las 1.554 millas (2.500 km) restantes porque los ríos estaban demasiado bajos para llevar los barcos. Durante esta marcha murieron 73 personas y aproximadamente 208 desertaron por el camino. La mitad de otro grupo de más de mil había intentado desertar de inmediato. Se reunieron tropas para acorralar a los desertores y capturaron a todos menos a 255. Al menos 150 murieron durante esta nefasta marcha. Dos mujeres dieron a luz durante el viaje. Los cheroquis que permanecieron en los campos de emigración también se enfrentaron a condiciones terribles, ya que la enfermedad se extendió por ellos con ferocidad. El 19 de junio de 1838, el general Scott ordenó que las emigraciones se pospusieran temporalmente debido al calor y a la enfermedad que estaba matando a los cheroquis emigrantes. El Consejo Tribal envió un mensaje a Scott, pidiéndole que continuara su traslado. Scott, cuyo plan de traslado rápido y humano había resultado imposible, estuvo de acuerdo, pero dijo al consejo que debían esperar hasta septiembre. John Ross fue elegido para organizar esta auto expulsión y pidió 65,88 dólares por cada persona para proporcionar comida, refugio, otras necesidades y provisiones para su ganado. Scott accedió, aunque consideró que la petición de jabón era demasiado pródiga.

Durante el verano, cada vez más cheroquis, incluidos algunos creek, se amontonaron en campamentos temporales, la mayoría en Tennessee. Estos campamentos estaban abarrotados, aunque se ampliaron para permitir más intimidad. De vez en cuando, algunos nativos salían de los campamentos para cazar. Muchos cheroquis intentaron escapar, y muchos regresaron a sus antiguos hogares para volver a ser acorralados por las tropas. El verano avanzaba y los campamentos se trasladaban con frecuencia, posiblemente porque las fuentes de agua estaban contaminadas. En julio, Scott estaba entregando 7.217 raciones diarias. Los oficiales a las órdenes de Scott empezaron a preocuparse por el bienestar de los cheroquis. Se permitió a la gente viajar entre los campamentos para encontrar a sus familiares, se administraron vacunas para combatir las enfermedades y se establecieron grandes estaciones para facilitar la entrega de raciones. Aun así, los informes indican que numerosos casos de diarrea, disentería, sarampión y tos ferina se propagaron por los campamentos. Aunque se asignaron médicos a los campos, su trabajo era difícil porque carecían de intérpretes que los asistieran y ayudaran a administrar los medicamentos. Esto hacía que el tratamiento de los enfermos fuera un calvario que requería mucho tiempo.

Cuando por fin llegó septiembre, los cheroquis fueron trasladados a grupos de mil o menos, pero la situación era difícil. Una sequía había asolado la zona y en algunos casos hizo imposible el traslado en barco. Tardaron meses en llegar al Misisipi y, para entonces, ya había comenzado un duro invierno. Muchos ríos eran intransitables debido al hielo flotante, aunque algunos podían cruzarse porque se habían congelado. Muchos cheroquis murieron de enfermedades y desnutrición en el camino, sobre todo decenas de niños. Mientras esperaban a que el hielo flotante se despejara del Misisipi, empezó a nevar copiosamente, y sus pequeñas tiendas debieron parecerles muy exiguas en comparación con las cálidas cabañas de las que se habían visto obligados a salir varios meses antes.

Aunque estas últimas emigraciones se llevaron a cabo por designios de los propios cheroquis, dirigidos por el jefe John Ross, seguían viéndose obstaculizadas por los mandos del ejército estadounidense, que les indicaban cuándo podían desplazarse y tomaban muchas decisiones sobre los caminos que debían tomar. No tenían la opción de dar marcha atrás en ningún momento, y no podían esperar demasiado a que cambiara la estación. Tenían que avanzar a toda prisa hacia el Territorio Indio. En marzo de 1839, los cheroquis habían cruzado el río Misisipi y viajaban a través de Arkansas hacia su nueva tierra. Uno de los médicos asignados al grupo del teniente Whiteley llevó un registro del viaje a través de Arkansas. El mes de marzo estuvo lleno de informes de frío intenso y nieve. La tierra que atravesaban era estéril; el médico a veces la llamaba desierto. El 24 de marzo de 1839, los cheroquis de su destacamento fueron «entregados al gobierno» y se establecieron en sus nuevas tierras. Pasaría junio de ese año antes de que el último de los cheroquis dirigidos por el jefe Ross entrara en el Territorio Indio.

Las cifras son inciertas, pero las estimaciones indican que unos 5.000 cheroquis murieron en el Sendero de las Lágrimas. Esta cifra aumenta en varios miles si se incluye a los choctaw, creek, chickasaw y seminola, y no incluye a las tribus expulsadas del norte, como los sauk y los fox. Se cree que 3.500 de los 15.000 creek expulsados murieron en el Sendero de las Lágrimas. No es fácil comprender el impacto de estas migraciones forzadas. Las familias eran obligadas a abandonar sus hogares por soldados con rifles armados con bayonetas; si se resistían, podían ser asesinados. La historia de Tsali, de la tribu Cheroqui oriental, cuenta que una familia se defendió de los soldados y dos de ellos murieron en la refriega. Tsali era el anciano patriarca de la familia y huyeron a las montañas de Carolina del Norte. El general Scott exigió su captura. La historia varía, pero parece que Tsali, su hermano y los dos hijos mayores fueron capturados o se rindieron y fueron fusilados en el acto. Se pretendía que sus muertes sirvieran de escarmiento a cualquier cheroqui que pensara en resistirse a la expulsión.

El sendero o senderos de cada grupo fueron diferentes, algunos rápidos y sin incidentes, y otros pruebas de voluntad en las que murieron cientos de personas. El clima, las enfermedades y la fatiga parecían perseguir a los cheroquis en estos viajes. Los blancos a lo largo del camino se negaban a ayudarlos y a veces los asaltaban. A los misioneros, médicos y soldados que viajaban con los cheroquis incluso se les negó alojamiento en algunas de sus paradas simplemente porque estaban con el odiado grupo. Debieron de sentir como si el mundo conspirara para destruirlos, y es incomprensible cómo debieron de sufrir durante esos terribles meses. El hecho de que muchos sobrevivieran y sacaran lo mejor de sus nuevas y extrañas circunstancias es un mérito de sus naciones.

TERCERA SECCIÓN: RESISTENCIA Y OPOSICIÓN

Capítulo 11: Tippecanoe y las primeras guerras Creek

Gobernador Arthur St. Clair
https://commons.wikimedia.org/wiki/File:ArthurStClairOfficialPortrait-restored.jpg

La batalla de Tippecanoe

En 1790, Arthur St. Clair tenía buenas razones para sentirse confiado. Nacido en Escocia, se había alistado en el ejército británico y había sido destinado a Norteamérica. Le gustaban tanto su nuevo hogar y sus amigos que, cuando América se rebeló, se puso del lado de los patriotas. Se unió a la causa revolucionaria y ascendió rápidamente. Cuando el general Washington se enfrentó a los británicos en Trenton, fue St. Clair quien sugirió tomar Princeton y flanquear a los británicos. Washington apoyó a St. Clair durante el resto de la guerra y escuchó atentamente las opiniones del soldado. Con el tiempo, St. Clair llegó a general de división y, una vez ganada la guerra, fue el primer presidente del Congreso Continental. Parte del Tratado de París entre Inglaterra y los nuevos Estados Unidos estipulaba que la nueva nación era ahora propietaria de lo que se conocía como el Territorio del Noroeste, una gran extensión de tierra que acabaría convirtiéndose en Ohio, Indiana, Michigan, Illinois y Wisconsin. St. Clair fue nombrado rápidamente gobernador del Territorio del Noroeste.

El gobierno estadounidense había vendido el Territorio del Noroeste a especuladores de tierras para recuperar parte del costo de la revolución. Estos especuladores, que a menudo eran compañías de accionistas (incluido St. Clair), habían comprado la tierra con la creencia de que podrían venderla a los colonos para obtener un beneficio. Muchos estadounidenses deseaban comprar la tierra y cultivarla, obteniendo a su vez beneficios del cultivo de maíz, grano o ganado. La región de Ohio, en particular, mostraba signos de ser muy fértil y apta para la agricultura. También estaba el hermoso río Ohio, que podía llevar el tráfico hasta el Misisipi, Nueva Orleans e incluso hasta el Caribe. Lo único que impedía que esto avanzara era el «problema indio».

Cuando los estadounidenses se aventuraban en el territorio, a menudo se encontraban con la resistencia de los nativos americanos que vivían allí. La violencia estallaba en ambos bandos y convertía la zona en un lugar peligroso, mermando los colonos que St. Clair y muchos otros deseaban. Con esto en mente, St. Clair convocó una reunión en Fort Harmar en 1788 para acordar un tratado que estableciera firmemente que los nativos americanos abandonarían la región de Ohio para siempre. En la reunión había representantes de los wyandot, los lenape, los ottawa, los chippewa, los potawatomi y los sauk. Clair amenazó primero a los reunidos con que el ejército estadounidense los atacaría si no accedían. Después los sobornó con miles de dólares en regalos. Los nativos americanos firmaron el Tratado de Fort Harmar. Los problemas que surgieron se debieron en gran parte a que no todas las tribus de la zona estaban representadas; en concreto, no había nadie que representara a los miami y los shawnee.

Los nativos americanos respondieron atacando los nuevos asentamientos y fuertes construidos en virtud del tratado. El general Harmar dirigió una expedición contra los nativos americanos, que fue duramente derrotada. En 1790, St. Clair asumió el mando en persona y condujo a 1.400 hombres a las profundidades del desierto para someter y derrotar a los shawnee, los miami y sus aliados lenape. El presidente Washington había advertido a St. Clair que tuviera cuidado con los ataques por sorpresa, y debió de creer que estaba más que preparado para la batalla. Pero cuando llegó la batalla, no lo estaba. En un ataque por sorpresa, los Miami, Shawnee y Lenape consiguieron herir o matar a 900 de los hombres de St. Clair. Solo una carga de bayoneta de última hora dirigida por el propio St. Clair detuvo lo que algunos llamaron una masacre. La batalla sería recordada como «la derrota de St. Clair» y sería la peor derrota del ejército estadounidense a manos de los nativos americanos. El presidente Washington calificó a St. Clair de «peor que un asesino» y su oficina investigó el asunto. St. Clair fue absuelto, pero fue relevado de su mando. Sin embargo, siguió siendo gobernador del Territorio del Noroeste hasta que Jefferson lo destituyó. Nunca recuperó su inversión en Ohio y vivió el resto de sus días en una pequeña cabaña en el oeste de Pensilvania.

Los nativos americanos que derrotaron a las fuerzas de St. Clair aquel día de noviembre estaban liderados por Pequeña Tortuga de los Miami y Chaqueta Azul de los Shawnee. Un joven guerrero Shawnee se había perdido el combate de aquel día porque había salido a explorar o a cazar. Hacía poco que había regresado a Ohio, después de haberse trasladado primero a Missouri y luego a Tennessee. Durante su ausencia, había escuchado las enseñanzas del jefe mohawk Joseph Brant, que creía que las tierras de los nativos americanos solo debían cederse si todas las tribus estaban de acuerdo y que debían presentar un frente unificado contra la expansión estadounidense. Este joven guerrero, cuya madre podría haber sido creek y que tenía una hija con una mujer cheroqui, estaba de acuerdo con las enseñanzas de Brant. Había intentado alejarse de los asentamientos blancos, pero allá donde iba encontraba colonos blancos. Así que regresó a Ohio dispuesto a luchar. Su nombre, que significa algo así como «Estrella fugaz», nos llega como Tecumseh.

Después de la sorprendente derrota de St. Clair, Washington y el secretario de Guerra Knox reconocieron que la organización de lo que había sido el Ejército Continental necesitaba cambiar drásticamente para hacer frente a la amenaza de las fuerzas unidas de los nativos americanos en el noroeste. Su solución fue la Legión de los Estados Unidos, un nuevo ejército profesional que podría adaptarse más fácilmente a las circunstancias cambiantes del territorio de Ohio. Eligieron al general de división a «Loco» Anthony Wayne para dirigir este nuevo ejército. Wayne era un héroe de la guerra de la Independencia de Pensilvania que había demostrado ser capaz de una brillante táctica. El secretario Knox se aseguró de que Wayne tuviera suficientes soldados, cañones y suministros para someter a los nativos americanos. Wayne, aprendiendo de los errores de St. Clair, entrenó duramente a sus tropas antes de llevarlas al desierto. Durante la guerra de la Independencia, las tropas de Wayne habían sido sorprendidas por un ataque nocturno de los británicos, y Wayne estaba decidido a no volver a ser sorprendido de esa manera. Tras dos años de entrenamiento, centrado en la construcción de defensas, la puntería y el combate cuerpo a cuerpo, Wayne consideró que su legión estaba lista para luchar. La Legión viajó hacia el norte, fundando fuertes por el camino.

Los nativos americanos, liderados por Chaqueta Azul, planeaban emboscar a las fuerzas de Wayne en un claro conocido como Fallen Timbers (Árboles Caídos). Entre los guerreros estaba Tecumseh. Pero el extenso entrenamiento de Wayne había dado sus frutos. Sus exploradores le habían alertado de la emboscada y sus tropas habían atacado los escondites de los miami y los shawnee y expulsado a los guerreros. Esta vez, los nativos americanos se vieron sorprendidos. Muchos se dieron la vuelta y huyeron ante el fuego de los mosquetes de la Legión. La batalla de Fallen Timbers duró menos de una hora y resultó ser una derrota. Los nativos americanos esperaban el apoyo de los aliados británicos cercanos, pero no lo obtuvieron. Los británicos aún no estaban dispuestos a entrar en otra guerra con Estados Unidos. La derrota fue devastadora para los nativos americanos. En 1795, Wayne organizó el Tratado de Greenville, en el que Pequeña Tortuga y Chaqueta Azul acordaron ceder una gran parte del territorio de Ohio a Estados Unidos. Otro tratado, el de Fort Industry, firmado en 1805, cedió aún más territorio de Ohio a Estados Unidos. Tecumseh criticó duramente a los «jefes de paz» que habían cedido gran parte de la tierra natal de su tribu.

Tecumseh pronto se convirtió en un gran jefe y planeó una gran alianza de todos los nativos americanos para detener la expansión de los colonos blancos. Contó con la ayuda de su hermano menor. Nacido como Lalawethika, este hermano menor había sido poco hábil en la caza y la lucha y se había aficionado al alcohol. Un día cayó en trance y su familia creyó que había muerto. Cuando recobró el conocimiento, les dijo que había tenido una visión divina. El «Amo de la Vida» le había dicho que los nativos americanos debían renunciar al uso de productos blancos, volver a sus costumbres tradicionales y expulsar a los estadounidenses de sus tierras. También le dijo que ahora sería conocido como Tenskwatawa, el «Profeta». Tecumseh creyó en la visión de su hermano, y juntos fundaron Prophetstown en lo que acabaría siendo el condado de Tippecanoe, Indiana.

A principios de noviembre de 1811, el gobernador William Henry Harrison dirigió 1.000 soldados a Prophetstown para acabar con la alianza de Tecumseh. Por suerte para Harrison, Tecumseh no se encontraba en Prophetstown en ese momento. Se había aventurado hacia el sur con la esperanza de conseguir la alianza de las Cinco Tribus Civilizadas.

Solo Tenskwatawa y 500 guerreros estaban allí para defender su nueva capital. Cuando Harrison llegó, un guerrero que portaba una bandera blanca salió a pedir un alto el fuego para que Harrison y Tecumseh pudieran negociar. Harrison aceptó las condiciones, pero estaba cansado. Tecumseh había dicho a su hermano que no entrara en batalla hasta que su alianza fuera más fuerte, pero el Profeta hizo caso omiso de la advertencia. En la mañana del 7 de noviembre, Tenskwatawa rodeó a los hombres de Harrison y atacó. Fue un movimiento audaz, pero no dio resultado. La superioridad numérica y de fuego de Harrison resultó más que suficiente para derrotar al ejército de la alianza de nativos americanos. El Profeta había prometido a los guerreros que las balas estadounidenses no les harían daño, pero cuando fueron derrotados, abandonaron Tenskwatawa y Prophetstown. Esto permitió a Harrison asaltar y destruir la ciudad.

Cuando Tecumseh regresó tres meses después, su sueño ya había sido aplastado. Los cheroquis habían rechazado su oferta de alianza, y solo unos pocos creek se sintieron conmovidos por sus palabras. Las temerarias acciones de su hermano habían provocado una gran pérdida que él no pudo evitar. Esto dejó a Tecumseh con una sola opción: aliarse con los británicos, como habían hecho Pequeña Tortuga y Chaqueta Azul. La derrota en la batalla de Tippecanoe forzó la mano de Tecumseh. Cuando estalló la guerra de 1812, se encontró con que dependía de las promesas de los europeos blancos para proteger su tierra y a su pueblo de los estadounidenses blancos. Desde luego, no era lo que él había esperado.

Las primeras guerras creek

La llegada y el mensaje de Tecumseh en 1811 provocaron una división en la Nación Creek. Los bastones rojos se disputaron el control de los creek y estalló una guerra civil. Los estadounidenses se involucraron en este conflicto sureño al tiempo que luchaban contra Tecumseh y los británicos en el noroeste en la guerra de 1812. No solo eso, sino que los británicos estaban atacando la costa estadounidense e incluso tomarían Washington, D. C., y quemarían la Casa Blanca. A Estados Unidos le preocupaba que los británicos y posiblemente los españoles estuvieran armando a los bastones rojos, y este temor resultó ser cierto. Los bastones rojos fueron atacados por los estadounidenses que regresaban de Florida, controlada por los españoles. En parte como represalia, atacaron Fort Sims, donde mataron a cientos de hombres, mujeres y niños. Las acciones de los bastones rojos no fueron especialmente brutales en comparación con otros ataques de las fuerzas estadounidenses o de otros nativos americanos. Los estadounidenses habían matado a decenas de civiles, y los colonos habían hecho lo mismo antes que ellos, por no mencionar la captura y esclavización de miles de personas. Se trataba de una guerra total, con la intención de doblegar al enemigo y evitar que se expandiera por territorio nativo americano. Sin embargo, el ataque a Fort Mims se convirtió en un grito de guerra para los colonos blancos de Alabama, Georgia, Tennessee, Misisipi y las Carolinas. Golpeó directamente el miedo que muchos colonos sentían ante la amenaza que suponían los nativos americanos. En lugar de convencer a los colonos de que hicieran las paces, solo consiguió que quisieran vengar a los asesinados en Fort Mims. No parecía importarles que muchos de los muertos en la masacre fueran en parte nativos americanos.

Fue entonces cuando el general de división Andrew Jackson entró en la escena nacional para desempeñar su papel como el hombre que derrotaría a la «amenaza india». A diferencia de Anthony Wayne, Jackson no dirigía a soldados profesionales, sino a milicianos que se alistaron para luchar durante unos meses. Sabía que tenía que actuar con rapidez. Dos meses después del ataque a Fort Mims, una de las unidades de caballería de Jackson destruyó el pueblo de los bastones rojos de Tallushatchee. Jackson atacó entonces Talladega y consiguió otra victoria contra las fuerzas dirigidas por el jefe de los bastones rojos, William Weatherford, que podría haber estado emparentado con Tecumseh. La milicia de Georgia al mando del general de brigada John Floyd atacó las ciudades de Autossee y Tallassee. A continuación, la milicia de Misisipi atacó Holy

Ground con la ayuda de los cheroquis dirigidos por el jefe Pushmataha.

En enero de 1814, Jackson se dirigía hacia Tohopeka, la principal ciudad de los bastones rojos. Los bastones rojos le salieron al encuentro en Horseshoe Bend; Jackson rechazó su ataque, pero se vio obligado a retirarse. Al regresar en marzo, encontró a los bastones rojos bien fortificados. Dirigió un asalto frontal mientras parte de su caballería, aliados creek y cheroqui flanqueaban a los bastones rojos. Las fuerzas de Jackson salieron victoriosas. Muchos de los bastones rojos que sobrevivieron a la batalla huyeron a Florida, donde se unieron a los creek que ya estaban allí (los seminolas). Jackson hizo firmar a los que se quedaron el Tratado de Fort Jackson, por el que se entregaban veintitrés millones de acres de tierras creek. La guerra creek de 1813-1814 había terminado. Los creek que se aliaron con los estadounidenses recibieron el mismo trato que los bastones rojos; no se hizo ninguna distinción en la paz que siguió.

Capítulo 12: La trilogía seminola y la guerra del Halcón Negro

La primera guerra Seminola

En 1817, los seminolas eran un pueblo nativo americano distinto, en gran parte de origen creek, que vivía en el norte de Florida. Junto a ellos vivían también africanos, afroamericanos libres y esclavos afroamericanos huidos, a los que se conocía colectivamente como seminolas negros. Los seminolas y los seminolas negros se habían aliado con los británicos en la guerra de 1812. Debido a ello y a la presencia de esclavos en busca de libertad, los pueblos del norte de Florida eran objeto de constantes incursiones por parte de los blancos de Georgia, que querían capturar a los esclavos fugitivos, así como arrebatar tierras y ganado a los seminolas, a quienes consideraban enemigos. En ocasiones, estas incursiones eran llevadas a cabo por la milicia estatal y organizadas por los líderes del estado. En 1816, las tropas estadounidenses mataron a 270 personas cuando destruyeron el Fuerte Negro en la batalla de Prospect Bluff. En respuesta, los seminolas comenzaron a hacer incursiones en Georgia.

La primera guerra Seminola comenzó en 1817 cuando los soldados estadounidenses atacaron y destruyeron la ciudad seminola de Fowltown. Esto ocurrió después de la disputa entre los seminolas y el comandante de Fort Scott sobre la propiedad de la tierra y quién estaba sujeto al Tratado de Fort Jackson. Los seminolas respondieron atacando un barco en el río Apalachicola, matando a 43 personas.

El general Jackson recibió entonces el mando de las fuerzas en el sur. En 1818, entró en Florida y empezó a destruir pueblos seminolas a su paso. Tomó el fuerte español de St. Marks y luego puso la mira en la ciudad española de Pensacola. Sabía que allí había fuerzas españolas y británicas ayudando a los seminolas y seminolas negros, por lo que quería asestar un golpe decisivo que pusiera fin al conflicto. Jackson contaba con unos 4.000 hombres. En Pensacola había 100 británicos, 500 españoles y un número desconocido de guerreros seminolas. La superioridad numérica de Jackson se impuso y el gobernador español no tardó en rendirse. Los británicos también se apresuraron a abandonar la ciudad. Jackson acordó no destruir la ciudad cuando la tomara.

Esto puso fin a la primera guerra Seminola y condujo a que España cediera Florida a Estados Unidos en 1821 en virtud del Tratado Adams-Onís. En cuanto Estados Unidos se hizo con el control de Florida, empezó a exigir que los seminolas abandonaran la península y se fueran al Territorio Indio de Oklahoma. Finalmente, algunos seminolas firmaron el Tratado de Payne's Landing en 1832, por el que aceptaban su traslado. Algunos miembros de la tribu se marcharon y se fueron al lejano Territorio Indio. Sin embargo, otros seminolas se negaron a firmar el tratado y huyeron a los Everglades de Florida.

La segunda guerra Seminola

El Tratado de Payne's Landing concedió a los seminolas tres años para prepararse para la expulsión. Cuando el ejército estadounidense llegó en 1835 para hacer cumplir el tratado, muchos seminolas estaban dispuestos a luchar. La segunda guerra Seminola duró de 1835 a 1842 y fue, quizás, la guerra más feroz librada entre Estados Unidos y los nativos americanos. Fue una lección de guerra de guerrillas, ya que cuatro jefes seminolas (*micos*) con solo 3.000 guerreros se enfrentaron a cuatro generales estadounidenses que mandaban unos 30.000 soldados.

El 28 de diciembre de 1835, los seminolas al mando del mico Osceola atacaron y mataron al general Wiley Thompson frente a Fort King. El mismo día, 300 seminolas tendieron una emboscada a las tropas al mando del mayor Francis Dade. Dos años más tarde, el coronel Zachary Taylor y 1.100 soldados fueron emboscados por 400 seminolas. Veintiséis soldados estadounidenses murieron y 112 resultaron heridos en la trampa cuidadosamente planeada por los seminolas. Entre estas dos emboscadas, los seminolas hostigaron continuamente a las fuerzas del ejército estadounidense que intentaban expulsar por la fuerza a los seminolas de

Florida. En el verano de 1837, Osceola fue capturado bajo una falsa bandera de tregua. Si los comandantes estadounidenses creyeron que esto pondría fin a las hostilidades, se equivocaron. Los seminolas siguieron luchando incluso después de que Osceola muriera en cautiverio en enero de 1838. En 1842, Estados Unidos había capturado a la mayoría de los seminolas y los había enviado al Territorio Indio. Las hostilidades llegaron a su fin sin la firma de un tratado.

Tercera guerra Seminola

La última guerra Seminola comenzó en 1855 y se debió principalmente a los conflictos entre blancos y seminolas por la tierra. El ejército estadounidense mantuvo patrullas en la región y también ofreció recompensas por la captura de seminolas. Esto llevó a que la población restante de seminolas en Florida no sumara más de 200 individuos en 1858 y marcaría el final de la última guerra Seminola.

Guerra del Halcón Negro

En abril de 1832, un grupo de mil nativos americanos cruzó el río Misisipi y se dirigió hacia el este, a Illinois, en dirección opuesta a la del Sendero de las Lágrimas. El grupo estaba compuesto por miembros de las tribus sauk, fox y kikapú. Los lideraba un jefe sauk de 65 años llamado Halcón Negro (Black Hawk). Este jefe había liderado a su pueblo durante cincuenta años, luchando contra sus numerosos enemigos, incluidos los estadounidenses. Sin embargo, en su vejez, Halcón Negro no buscaba la guerra cuando condujo a su pueblo hacia el norte de Illinois, pasando por los restos en ruinas de la otrora gran aldea sauk de Saukenuk, que por entonces albergaba a unos pocos colonos blancos. Halcón Negro buscaba algo parecido a un retiro, pero no fue así. La presencia del grupo de Halcón Negro causó gran inquietud entre los colonos blancos de la zona. El grupo pronto fue perseguido por el ejército estadounidense y la milicia de Illinois, así como por guerreros sioux y menomini.

La banda de Halcón Negro se dirigía hacia Prophetstown, Illinois. Este era el pueblo de uno de los consejeros de Halcón Negro, Nube Blanca (White Cloud), también conocido como el Profeta Winnebago. Nube Blanca le había dicho a Halcón Negro que los británicos se aliarían con él contra los estadounidenses. Viendo que su situación era insostenible, la banda de Halcón Negro dio media vuelta e intentó volver a cruzar el Misisipi, pero un enfrentamiento con un grupo de milicianos obstaculizó su retirada. Lo que siguió fue una serie de escaramuzas entre los nativos americanos y pequeños grupos del ejército o la milicia. Finalmente, el 21 de julio, los perseguidores alcanzaron a Halcón Negro en la batalla de Wisconsin Heights. Esta sería la batalla principal de esta efímera guerra. Ocurrió cerca de lo que hoy es Sauk City, Wisconsin.

Había alrededor de 700 milicianos bajo el mando del coronel Henry Dodge, junto con nativos americanos aliados. La banda de Halcón Negro no tenía ni de lejos tantos guerreros y contaba con muchas mujeres y niños. Aun así, los guerreros fueron capaces de defenderse de la milicia el tiempo suficiente para permitir que la mayoría de los Sauk y Fox escaparan. La milicia los alcanzó el 1 de agosto en la desembocadura del río Bad Axe, mientras la banda intentaba cruzar el Misisipi.

Siguieron dos días de batalla, y los historiadores se refieren al acontecimiento como la masacre de Bad Axe por la brutal victoria que los estadounidenses infligieron a la gente de Black Hawk. Fue la batalla final de la guerra del Halcón Negro y aseguró que Illinois quedara libre de nativos americanos. Halcón Negro y Nube Blanca se rindieron al teniente Jefferson Davis.

Como prisioneros, Halcón Negro, Nube Blanca y otros líderes fueron finalmente llevados al este por orden del presidente Jackson, con la esperanza de impresionarlos con el poder de Estados Unidos. Fueron llevados en barco de vapor y ferrocarril por todo el país y recibidos por grandes multitudes. En la costa este, los estadounidenses parecían más bien curiosos, pero en lugares como Detroit, los líderes sauk y fox fueron recibidos con amenazas de violencia. Halcón Negro fue devuelto a su pueblo y vivió con los sauk en lo que se convertiría en Iowa durante el resto de sus días. Murió en 1838 de una larga enfermedad. Sus restos fueron robados menos de un año después de su muerte, pero fueron recuperados por su hijo con la ayuda del gobernador Robert Lucas del Territorio de Iowa. El esqueleto se expuso entonces en el edificio de la Sociedad Histórica de Burlington. Cuando el edificio se incendió, los restos de Halcón Negro fueron destruidos.

Capítulo 13: La masacre de Sand Creek y la guerra de Nube Roja

Masacre de Sand Creek

En el verano de 1864, el gobernador del Territorio de Colorado envió una proclama para que los nativos americanos «amigos» de los cheyene y arapajó se presentaran en Fort Lyon, en la parte sureste del territorio. Los nativos americanos debían acudir al fuerte en busca de suministros y seguridad, pero esta proclamación entraba en conflicto directo con otra anterior que establecía que cualquier nativo americano que se acercara a un fuerte en Colorado debía ser considerado hostil y fusilado. Obviamente, esto causó consternación a los cheyene y arapajó, por lo que sus jefes, entre ellos Caldera Negra (Black Kettle) y Oso Pequeño (Little Bear), reunieron a 750 personas en un campamento cerca de Fort Lyon. Caldera Negra intentó hacer las paces con el gobernador John Evans y el coronel John Chivington, que se encontraba en Fort Lyon. El campamento de Caldera Negra estaba formado en su mayoría por mujeres, niños y ancianos. Permanecieron cerca de Fort Lyon de acuerdo con las órdenes del ejército estadounidense.

Uno de los oficiales de Fort Lyon era el capitán Silas S. Soule, un duro caballero abolicionista originario de Maine. Soule se había trasladado a Kansas y luego a Colorado, alistándose en el ejército cuando estalló la guerra de Secesión. Luchó con el Primer Regimiento de Voluntarios de Colorado en la victoria de la Unión en el paso de Glorieta, en Nuevo México. El 1er Regimiento estaba entonces destinado en todo el territorio de Colorado. Chivington había ascendido a Soule a capitán y lo había destinado a Fort Lyon.

Según una carta que Soule escribiría más tarde sobre el incidente, Chivington y el 3º Regimiento llegaron, arrestaron a dos oficiales en el fuerte y declararon sus intenciones de matar a toda la partida de cheyene y arapajó acampados cerca del fuerte. Soule quedó conmocionado. Estos nativos americanos eran pacíficos y amistosos y casi no tenían guerreros entre ellos; el campamento estaba compuesto por aquellos que no podían luchar. Soule dijo a quien quisiera escucharle que sería un acto cobarde. Sus palabras fueron devueltas a Chivington, y algunos expresaron el deseo de que Soule fuera ahorcado por su insubordinación.

El 29 de noviembre de 1864, elementos de los Regimientos 1º y 3º se acercaron al campamento de la gente de Caldera Negra. El capitán Soule estaba entre ellos, pero había ordenado a su unidad no disparar ni entablar combate a menos que se vieran obligados. Sin embargo, bajo la dirección del coronel Chivington, varias unidades formaron un círculo alrededor del campamento y abrieron fuego, incluyendo fuego de artillería. Soule quedó horrorizado por lo que presenció. Mujeres y niños salieron corriendo pidiendo clemencia y fueron fusilados sin provocación. Algunos hombres cogieron arcos y rifles e intentaron defenderse, pero fue inútil. Soule lo describió como una «masacre». La compañía de Soule fue la única que mantuvo la formación y no disparó un tiro.

Los demás soldados se descontrolaron y empezaron a matar despiadadamente y a mutilar los cadáveres. La descripción de Soule es excepcionalmente gráfica. Arrancaron el cuero cabelludo a muchos cadáveres y cortaron partes del cuerpo para recuperar joyas o como recuerdo. Esta violencia continuó durante seis u ocho horas. El capitán Soule se limitó a permanecer en silencio como testigo de los acontecimientos. Se sintió aliviado al ver que muchos de los miembros de la tribu pudieron escapar al campamento cheyene del río Smoky Hill. El número total de nativos americanos muertos no estaba claro. Chivington afirmó que murieron entre 500 y 600, mientras que otros dijeron que fueron cerda de 140. Solo murieron veinticuatro soldados estadounidenses, y se cree que muchos de ellos se debieron a fuego amigo. Ocho líderes cheyene murieron en la masacre.

Muchos cheyene y arapajó estaban convencidos por sociedades guerreras militantes, como los *Dog Soldiers*, de que buscar la paz con los blancos era una locura. Caldera Negra, que sobrevivió a la masacre, siguió abogando por la paz, pero los *Dog Soldiers* se encargaron de tomar represalias y vengar los asesinatos de Sand Creek. Siguieron una serie de incursiones y ataques en Julesburg, Colorado, y sus alrededores. A continuación se dirigieron a las Colinas Negras.

Se llevaron a cabo investigaciones sobre las acciones del 29 de noviembre, dos por los militares y una por el Comité Conjunto sobre la Conducción de la Guerra. El capitán Soule testificó contra Chivington, y el panel declaró que Chivington había actuado de una manera deplorable, impropia de un oficial del Ejército de los Estados Unidos. Soule no fue el único testigo: el teniente James Cannon se hizo eco de los relatos de Soule con su testimonio ocular de las atrocidades cometidas por los soldados y oficiales en Sand Creek. Chivington no fue castigado por su papel, sino que dimitió del ejército poco después de la masacre. Después, vagó por todo el país, incumpliendo a menudo sus deudas y seduciendo infamemente a su nuera. Murió en 1894, en consonancia con su creencia de que sus acciones estaban justificadas en Sand Creek. El capitán Silas Soule no vivió tanto. En abril de 1865, pocos meses después de testificar contra Chivington, Soule fue asesinado mientras actuaba como alguacil preboste en Denver. Le dispararon y murió antes de que pudiera llegar la ayuda. Uno de sus asesinos era conocido y fue llevado ante la justicia, pero pudo evitar un juicio y luego huyó de Colorado.

La guerra de Nube Roja

Nube Roja

Los supervivientes de la masacre de Sand Creek se dirigieron a la cuenca del río Powder, en la zona de las Colinas Negras. A través de esta zona, los blancos habían establecido un sendero que conducía desde el este hasta los campos de oro del sur de Montana; se llamaba el sendero Bozeman en honor al hombre de frontera John Bozeman. En 1865, los cheyene, los oglala lakota y los arapajó establecieron grandes campamentos a lo largo de los ríos Powder y Tongue, en el norte del territorio de Wyoming. No les gustaba que los blancos viajaran por sus tierras. Así que, el 26 de julio de 1865, un grupo atacó Platte Bridge Station, matando a veintiséis hombres.

En respuesta a las crecientes tensiones y a este ataque, el Departamento de Guerra estadounidense envió al coronel Henry B. Carrington con 700 soldados para someter a los nativos americanos de la zona del río Powder. Esto enfureció a muchos nativos americanos, incluido el líder oglala Nube Roja (Red Cloud), al que se unieron guerreros cheyene y arapajó para lanzar una serie de ataques y escaramuzas conocida como la guerra de Nube Roja. Este y otro líder sioux, Caballo Loco, lideraron a los guerreros lakota, que atraparon y mataron a ochenta soldados estadounidenses. En el verano de 1867, Nube Roja y Caballo Loco atacaron una partida de leñadores con protección armada cerca de Fort Phil Kearney. Sin embargo, no se trató de una masacre. El grupo construyó rápidamente fortificaciones con cajas y utilizó sus nuevos rifles Springfield-Allen de carga por culata, que podían cargarse mucho más rápido que cualquier arma que tuvieran los nativos americanos. Solo murieron cuatro soldados estadounidenses, mientras que los nativos americanos contaron seis muertos.

Al mismo tiempo, el Departamento del Interior estadounidense intentaba entablar conversaciones de paz en esa región. En un principio, el gobierno estadounidense había dicho que solo quería un paso seguro por el camino de Bozeman y la paz en los fuertes que habían construido a lo largo del camino. Pero las cosas se complicaron cuando la Union Pacific Railroad quiso construir líneas de ferrocarril por la zona y esperaba que sus trabajadores estuvieran protegidos por el ejército estadounidense. Nube Roja quería que los blancos abandonaran el camino de Bozeman y los fuertes del territorio lakota.

El gobierno estadounidense estaba dispuesto a negociar. Al final de la guerra de Secesión, el ejército estadounidense se había reducido drásticamente. Estaba repartido por un territorio mucho mayor y se le exigía que protegiera el derecho de voto de los negros en las urnas.

Además, con la finalización de la línea Union Pacific, el camino de Bozeman había quedado obsoleto. Los mineros y buscadores de oro podían simplemente tomar el ferrocarril a través de las tierras en disputa, y ya no había necesidad de mantener fuertes en la zona. (Los nativos americanos no estaban interesados en destruir las vías férreas en aquel momento.) El gobierno accedió a las demandas de Nube Roja, y Nube Roja aceptó cumplir los acuerdos del Tratado de Fort Laramie de 1868.

Estados Unidos creó una nueva agencia india llamada Red Cloud Agency. La agencia se trasladaría y acabaría convirtiéndose en una reserva. Tras un viaje a Washington en 1870, Nube Roja vio confirmados muchos de sus temores al ver la tecnología y el número de europeos-americanos. Aceptó llevarse a su gente a la reserva sioux, pero siguió luchando por su pueblo. Cuando se encontró oro en las sagradas Colinas Negras, luchó para mantener a los mineros blancos fuera de la zona. No participó en la guerra Sioux de 1876-1877, dirigida por su colega Caballo Loco y otro líder lakota llamado Toro Sentado. Nube Roja murió en 1909, sobreviviendo a muchos de aquellos con los que luchó y contra los que luchó.

Capítulo 14: La batalla de Little Bighorn y Wounded Knee

La batalla de Little Bighorn

George Armstrong Custer nació en 1839 en Ohio. Después de asistir a la escuela normal, solicitó entrar en West Point y fue aceptado. Se graduó el último de su promoción de 34 en 1861 y eligió su mando en la caballería. Si su último puesto en West Point le causó alguna preocupación, no hay pruebas de ello. Justo cuando ingresó en el ejército estadounidense, comenzó la guerra de Secesión, y rápidamente se mostró enérgico y ambicioso. En poco tiempo fue ascendido a general de brigada de voluntarios y condujo a la Brigada de Caballería de Michigan a numerosas victorias. Se hizo un nombre liderando desde el frente, como los comandantes de la antigüedad, poniéndose en el mismo peligro que pedía a sus hombres. Lo adoraban por ello. Se hizo famoso por su habilidad para evitar heridas graves; algunos lo llamaban la «suerte de Custer». Llegó a alcanzar el grado de general de división.

Cuando terminó la guerra de Secesión, el ejército de voluntarios fue desmovilizado, y Custer asumió su rango original de capitán. En 1866, se convirtió en teniente coronel del 7º Regimiento de Caballería. Participó en escaramuzas con nativos americanos, por las que fue juzgado en consejo de guerra. También fue declarado culpable de ausencia del mando sin permiso, conducta perjudicial para la disciplina militar y de ordenar el fusilamiento de desertores sin juicio previo. Una vez más, no se sabe si estos delitos le preocupaban seriamente. No preocuparon demasiado a sus superiores, que lo hicieron reincorporarse tras un breve intervalo.

Jefe Toro Sentado de los Lakota
https://en.wikipedia.org/wiki/File:Sitting_Bull_by_D_F_Barry_ca_1883_Dakota_Territory.jpg

Custer comenzó de nuevo a luchar en la zona de Yellowstone con lakotas y cheyene. Esta fue la primera, pero no la última vez que se enfrentaría a guerreros liderados por Toro Sentado, Caballo Loco y el Jefe Gall. A su regimiento se le encargó proteger a un equipo de topógrafos del ferrocarril Northern Pacific. A continuación, el 7º fue llamado para localizar un lugar adecuado para un fuerte en la región de las Colinas Negras. Custer llevó a dos mineros a la expedición, y estos verificaron los rumores de que, de hecho, había yacimientos de oro en la zona de las Colinas Negras. Rápidamente se corrió la voz del descubrimiento. El gobierno de EE. UU. empezó a interesarse por desalojar a los nativos americanos de las Colinas Negras y reubicarlos en reservas del Territorio Indio.

En 1875, el comisionado de Asuntos Indios hizo saber que todos los lakota y cheyene debían abandonar las Colinas Negras e ir a la Reserva de los Grandes Sioux antes del 31 de enero de 1876, o serían considerados «hostiles». Los lakota y los cheyene ignoraron la amenaza. Así que, en 1876, el general Philip Sheridan desarrolló una estrategia para obligarlos a ir a la reserva. El coronel John Gibbon, con 450 hombres, abandonaría Fort Ellis en marzo, al igual que el general George Crook, con 1.000 hombres de Fort Fetterman. Además, el general Alfred Terry tomaría 879 hombres y marcharía desde Fort Abraham Lincoln; gran parte de este contingente era el 7º de Caballería dirigido por el Tte. Cnel. George Custer. La idea era que una de estas fuerzas se enfrentara a lo que se creía que eran entre 800 y 1.500 guerreros. No sabían que todos los lakotas y cheyene de la zona se habían reunido para la caza de primavera y la Danza del Sol de principios de verano. Mientras estaban reunidos en su poblado temporal, el jefe Toro Sentado tuvo una visión de soldados que caían de cabeza en el poblado. Creyó que era una señal de una gran victoria por venir.

El 22 de junio, el general Alfred Terry envió a Custer y al 7º ejército a realizar un movimiento de flanqueo desde el sur y el este de donde creían que se encontraban los nativos americanos. Custer sería el martillo, mientras que Terry encabezaría el yunque que detendría la huida del enemigo. El 24 de junio, exploradores crow y arikara informaron a Custer de la existencia de un poblado en el río Little Bighorn. Custer avanzó hacia el lugar, y el 25 de junio se encontraba a salvo en las Montañas del Lobo, esperando el momento oportuno para atacar. Sin embargo, los exploradores no tardaron en comunicarle que el poblado había descubierto su presencia. En la aldea se habló mucho de que había soldados escondidos en las Montañas del Lobo, pero muchos hicieron caso omiso de ello porque no podían imaginar que los soldados los atacaran cuando estaban reunidos en tan gran número. Había unas 8.000 personas en la aldea, con hasta 2.500 guerreros.

Custer, temiendo que se hubiera perdido el factor sorpresa, ordenó a sus hombres que avanzaran. Dividió su regimiento en cuatro grupos: la caravana, un grupo al mando del capitán Frederick Benteen, otro al mando del mayor Marcus Reno y los últimos 210 hombres al mando de Custer. Cada uno de ellos se acercó al poblado e inmediatamente encontraron una fuerte resistencia. Aunque los guerreros se vieron momentáneamente sorprendidos, se recuperaron rápidamente y abrieron fuego contra las diversas pequeñas bandas de caballería. Los hombres fueron atrapados en zanjas, rodeados por lakotas y cheyene, y acribillados a balazos. El destino de Custer nunca se conocerá del todo, pero los arqueólogos han reconstruido los últimos momentos de su mando. Al final, las rápidas acciones de los guerreros, la superioridad numérica y la potencia de fuego se impusieron. De los 210 hombres bajo el mando de Custer, ninguno sobrevivió. Otros escaparon y fueron trastabillando al encuentro del general Terry, que sería el primero en descubrir las consecuencias de la batalla de Little Bighorn.

Fue una victoria gloriosa para los lakotas y los cheyene, pero, como suele ocurrir, duró poco. «La última batalla de Custer» se convirtió en un grito de guerra en todo Estados Unidos, que animó al ejército a invertir más hombres y armas para eliminar a los nativos americanos. Un año después de la batalla, todos los «hostiles» se habían rendido y trasladado a la Reserva Sioux, y el gobierno estadounidense había tomado las Colinas Negras sin ninguna compensación ni tratado con los lakota o los cheyene.

Wounded Knee

La Danza de los espíritus, que mezclaba ideas mesiánicas cristianas con creencias nativas tradicionales, comenzó con una visión de un nativo americano paiute llamado Wovoka. Predijo que un mesías vendría a salvar a los nativos americanos, los europeos-americanos desaparecerían del continente norteamericano, la gran cantidad de bisontes volvería a las llanuras, y los vivos y los muertos se reunirían. Todo esto sucedería siempre y cuando los nativos americanos volvieran a sus costumbres tradicionales y realizaran correctamente la Danza de los espíritus. Esta creencia se extendió por las comunidades nativas americanas, llegando a la reserva de Pine Ridge, en Dakota del Sur, en 1890.

Daniel F. Royer se había convertido recientemente en el agente de Pine Ridge. Royer era una elección interesante porque temía profundamente a los nativos americanos y estaba convencido de que masacrarían a todos los blancos de Pine Ridge en cualquier momento. Royer se preocupó aún más cuando la Danza de los espíritus llegó a la reserva. Creía que los oglala lakota que interpretaban la Danza de los espíritus estaban bailando una danza de guerra que indicaba un posible derramamiento de sangre. Envió muchos informes angustiosos a Washington, D. C., pidiendo ayuda. En noviembre de 1890, el presidente Benjamin Harrison envió tropas a la zona. Los periodistas que viajaron con los soldados describieron la acción como un intento de abordar la crisis de Pine Ridge. Sin embargo, cuando los soldados y los reporteros llegaron, no había ninguna crisis real. Los nativos americanos parecían pacíficos y se limitaban a realizar la Danza de los espíritus sin ningún signo de agresión hacia los blancos.

Aun así, los rumores empezaron a correr y la prensa se hizo eco de cualquier información que pudiera echar más leña al fuego. Como Royer seguía preocupado por un ataque y la prensa aumentaba la tensión, la situación se convirtió rápidamente en una crisis sin fundamento. Royer prohibió la Danza de los espíritus en Pine Ridge, y los lakota volvieron a ser clasificados como «hostiles» o «amistosos». Todos los danzantes de los espíritus fueron juzgados como hostiles, por lo que se los trató con dureza. Entonces, el 15 de diciembre, el danzante de los espíritus y jefe lakota Toro Sentado fue asesinado por un policía de la agencia india mientras estaba siendo arrestado por cargos imprecisos. El asesinato de Toro Sentado conmocionó a todas las reservas, especialmente a las lakotas. Una de ellas fue la reserva del río Cheyene. Allí los Miniconjou Lakota, liderados por Pie Grande (Big Foot), se estaban poniendo muy nerviosos por su seguridad. A los militares les preocupaba que Pie Grande sacara a su gente de la reserva.

Los líderes militares pidieron a un hombre llamado John Dunn que le dijera a Pie Grande que su gente debía permanecer en la reserva. Por razones desconocidas, Dunn dijo a los miniconjou que los militares iban a detener a los hombres de su tribu y deportarlos a una isla del océano Atlántico. Así que, sugirió, deberían marcharse e ir a la reserva de Pine Ridge. El 23 de diciembre, Pie Grande siguió el consejo de Dunn y condujo a su gente fuera de la Reserva del Río Cheyene por la noche hacia las Badlands. El ejército estadounidense, principalmente el 7º Regimiento de Caballería, los persiguió durante cinco días. Finalmente, el 28 de diciembre, alcanzaron a la banda de Pie Grande y la confinaron en un campamento cerca de Wounded Knee Creek.

Al día siguiente, el coronel James Forsyth les dijo que tenían que entregar sus armas de fuego y trasladarse a un nuevo campamento. Los miniconjou entendieron que iban a ser trasladados al Territorio Indio, lejos de sus hogares ancestrales, lo que les pareció inaceptable. Algunos empezaron a interpretar la Danza de los espíritus, que los soldados consideraron amenazadora. Un lakota llamado Coyote Negro se negó a entregar su arma. Un soldado intentó arrebatársela y el arma se disparó. Los soldados allí reunidos empezaron inmediatamente a disparar contra la multitud lakota; pronto, esto incluyó cañones con balas explosivas. Los miniconjou intentaron huir, pero fueron abatidos. Algunos pudieron alcanzar sus armas y devolver el fuego, pero los soldados los acribillaron. Se encontraron cadáveres a más de cinco kilómetros del campamento.

Secuelas de la masacre de Wounded Knee
https://en.wikipedia.org/wiki/File:Wounded_Knee_aftermath5.jpg

Cuando el polvo se asentó, veinticinco soldados habían muerto, mientras que entre 250 y 300 hombres, mujeres y niños lakota habían sido asesinados. Los periódicos la llamaron la batalla de Wounded Knee, pero hoy en día ha sido debidamente reconocida como una masacre. El coronel Forsythe fue investigado, pero finalmente declarado inocente. El secretario de Guerra de la época, Redfield Proctor, llegó a la conclusión de que creía que muchas de las mujeres y niños lakota habían sido asesinados, en un principio, por los guerreros lakota. Para los nativos americanos, especialmente los de ascendencia lakota, la masacre de Wounded Knee llegó a simbolizar el desprecio del gobierno estadounidense por sus vidas. Desde los primeros días de la formación del país, el ejército y los políticos estadounidenses habían dicho a los nativos americanos que protegerían a las tribus mientras fueran pacíficas. Aquí había un grupo de nativos americanos a los que se había mentido, asustado, confundido, tratando de encontrar seguridad, que habían sido acosados y luego asesinados a tiros sin razón aparente. No estaban cometiendo ningún delito, ni actuaban de forma hostil o amenazadora, y sin embargo fueron tratados como criminales y asesinados sin provocación alguna. Sin duda, Wounded Knee permanecerá siempre en la mente de los nativos americanos, no solo como una tragedia, sino como una advertencia.

CUARTA SECCIÓN: ¿LIBERTAD A QUÉ PRECIO?

Capítulo 15: Los libertos de las Cinco Tribus

Los nativos americanos practicaban una forma de esclavitud antes de la llegada de los colonos europeos. En Norteamérica, los esclavos solían ser hombres y mujeres de tribus o pueblos enemigos capturados durante la guerra. Estos esclavos solían ser adoptados por la tribu y con el tiempo se les concedía la libertad. Desde luego, no se les consideraba una propiedad. Sin embargo, a finales del siglo XVIII, cuando británicos y estadounidenses se relacionaron con las tribus del sudeste, los nativos americanos conocieron la esclavitud. Al principio, ellos mismos eran tomados como esclavos o capturaban a personas de otras tribus y las intercambiaban por bienes. Con el tiempo, sin embargo, para asimilarse a los estadounidenses blancos, los habitantes de las Cinco Tribus Civilizadas adoptaron la práctica de poseer esclavos negros del mismo modo que los propietarios de plantaciones blancos. Uno de los factores que hacían «civilizados» a los cheroquis, chickasaw, choctaw, Muscogui creek y seminolas era que practicaban la esclavitud mobiliaria. Sin embargo, en las décadas de 1830 y 1840, esto no era suficiente para que los estadounidenses consideraran a los nativos americanos como iguales. Así, ellos y sus esclavos fueron obligados a emprender el Sendero de las Lágrimas hacia el Territorio Indio, al oeste de Arkansas. La esclavitud continuó en las reservas hasta la guerra de Secesión.

Como ya se ha comentado, algunos líderes nativos americanos deseaban permanecer neutrales durante la guerra de Secesión, pero los ricos esclavistas de las reservas presionaron para que las cinco tribus apoyaran a la Confederación, en gran parte porque temían que una victoria de la Unión significara el fin de la esclavitud. Algunos nativos americanos favorecieron al Sur porque los diplomáticos confederados prometieron un mayor respeto por los derechos de los nativos americanos. En octubre de 1861, las cinco tribus habían firmado tratados con la Confederación. Aun así, muchas personas de las cinco tribus apoyaban a la Unión. Algunos de ellos eran antiesclavistas, mientras que a otros les enfurecía la coacción que parecía haber detrás de los tratados firmados con el Sur. Entre los cheroqui existía la Sociedad Keetoowah, una organización abolicionista secreta. Los muscogui y los seminola permitían a los esclavos fugados, también conocidos como buscadores de la libertad, permanecer en sus reservas. Los que estaban del lado de la Unión solían huir de las reservas. Las unidades de nativos americanos de ambos bandos lucharon por el control del Territorio Indio durante el transcurso de la guerra. Finalmente, el 23 de junio de 1865, el general de brigada cheroqui Stand Waite se rindió a las fuerzas de la Unión; fue el último general confederado que se rindió en toda la guerra.

Curiosamente, los cheroquis ya habían liberado a sus esclavos de acuerdo con la Proclamación de Emancipación del presidente Lincoln de 1863. Tras el final de la guerra de Secesión, el gobierno estadounidense declaró nulos todos los tratados con las cinco tribus. En 1866, se estableció un nuevo conjunto de tratados para cada una de las tribus. La característica principal de todos los tratados era la abolición de la esclavitud en el Territorio Indio. Esto liberó aproximadamente a 7.000 personas esclavizadas. Correspondía a las tribus decidir cómo incorporarían a estos libertos. Los muscogui creek y los seminola otorgaron inmediatamente a los libertos de sus reservas ciudadanía y privilegios plenos. Los esclavos del territorio Cheroqui solo tenían derecho a la plena ciudadanía si vivían en la reserva cuando se firmó el tratado. Si se habían marchado, como muchos de ellos debido a los combates, debían regresar en los seis meses siguientes a la firma del tratado para poder optar a ella. Muchos antiguos esclavos que habían huido del territorio Cheroqui regresaron demasiado tarde y no obtuvieron sus derechos de ciudadanía. El resultado fue que muchas familias tenían miembros ciudadanos y otros que eran considerados «intrusos» y no podían votar. Los cheroquis pidieron ayuda al gobierno federal para expulsar a estos «intrusos».

Los choctaw y los chickasaw promulgaron «Códigos Negros» que determinaban los salarios de los antiguos esclavos y obligaban a los libertos a conseguir trabajo o ir a la cárcel. No permitían regresar a ningún esclavo que abandonara su territorio, y los esclavos liberados seguían sin tener derecho a votar ni a ocupar cargos públicos, a pesar de que los tratados de 1866 exigían que se les concedieran esos derechos. Los choctaw y los chickasaw recurrieron a la violencia para expulsar de su territorio a los esclavos liberados. Gran parte de la tensión se centró en el distrito arrendado, parte de las tierras choctaw y chickasaw entre los meridianos 98 y 100 y los ríos Canadian y Red, en Oklahoma. En 1855, el gobierno estadounidense arrendó estas tierras a los choctaw y los chickasaw por 800.000 dólares para que sirvieran de hogar a la tribu wichita y a otras tribus. Sin embargo, debido a que apoyaban a la Confederación, los choctaw y los chickasaw solo recibieron 300.000 dólares por estas tierras. El tratado de 1866 daba a las tribus la opción de adoptar a los libertos en su territorio y recibir 300.000 dólares o que los ex esclavos recibieran el dinero después de haber sido expulsados del Territorio Indio. La mayoría de los choctaw y los chickasaw parecen haberse mostrado a favor de la expulsión de los ex esclavos, pero sus peticiones fueron ignoradas por EE. UU. En el territorio choctaw, los libertos no se convirtieron en ciudadanos hasta 1883 y se los disuadió de votar y se les prohibió ocupar cargos públicos. Finalmente, los choctaw recibieron 52.000 dólares por su parte del distrito arrendado. Los chickasaw, sin embargo, nunca concedieron derechos de ciudadanía a sus libertos.

En el censo de 1870, 68.152 personas vivían en el Territorio Indio. De esa cifra, 6.378 eran afroamericanos, la mayoría ex esclavos y sus descendientes. Culturalmente, los libertos del Territorio Indio estaban estrechamente vinculados a las culturas nativas americanas de las que procedían. Hablaban lenguas nativas americanas y comían comida nativa americana. Sin embargo, la mayoría de los libertos también hablaban inglés, lo que los diferenciaba de otros nativos americanos.

A excepción de la violencia de 1866 entre los choctaw y los chickasaw, los libertos del Territorio Indio no sufrieron la violencia y el odio que sus homólogos padecieron en el sur de Estados Unidos. En la nación Cheroqui, los libertos tenían derecho a voto. En las naciones creek y seminola, los libertos gozaban de plena representación política. La situación en las naciones creek y seminola animó a otros libertos a emigrar a su territorio para obtener los mismos beneficios.

Los libertos solían recibir ciertas protecciones y ayudas. Se les daban asignaciones para cultivar, y no hay indicios de que se los escogiera para quedarse con las tierras de menor producción. Los creek y los seminolas dieron a los libertos lotes fluviales perfectos para cultivar algodón. Muchos libertos cheroquis, como los de las tierras creek y seminola, se convirtieron en prósperos empresarios con negocios en expansión.

Con el tiempo, se descubrió petróleo en la Nación Cheroqui y, en 1890, los nativos americanos eran minoría en su propia tierra. De los 178.097 habitantes del territorio de Oklahoma, unos 50.000 eran nativos americanos, 18.000 afroamericanos y casi 110.000 blancos.

La mayoría de los afroamericanos procedían de otros estados y no eran descendientes de nativos americanos libertos. Esto cambió enormemente las relaciones raciales en el Territorio Indio. A muchos de los libertos nativos americanos no les gustaba la nueva afluencia de afroamericanos, a los que llamaban «negros del estado». El aumento de afroamericanos en Territorio Indio provocó una fuerte reacción por parte de los nativos americanos. En 1891, los choctaw aprobaron una ley por la que cualquiera que empleara sirvientes afroamericanos sería multado con 50 dólares e intentaron expulsar a todos los afroamericanos de sus tierras. Incluso los creek, conocidos por su actitud liberal hacia la raza, recibieron protestas cuando se estacionaron tropas afroamericanas en su territorio. El agente indio de 1898 informó de que los creek no venderían ni alquilarían tierras a ningún afroamericano e intentaban activamente expulsarlos de sus tierras.

En 1893 llegó la Comisión Dawes, cuyo objetivo era poner fin a los acuerdos separados con las Cinco Tribus Civilizadas y conceder asignaciones individuales, de 160 acres, a cada miembro de las tribus. En 1896, se ordenó a la comisión que creara listas de todos los ciudadanos, nativos americanos y libres, de cada tribu. A partir de ellos, el gobierno estadounidense determinaría la ciudadanía de los nativos americanos y repartiría las tierras en consecuencia. Ya no se permitía a las tribus determinar quién era miembro y quién no. Con las listas de Dawes, los libertos fueron finalmente reconocidos como ciudadanos en la tribu chickasaw y representaban el 36% de la tribu. Muchos nativos americanos estaban, comprensiblemente, amargados por la situación. Pensaban que muchos forasteros presentaban pruebas falsas para entrar en las listas, especialmente los libertos. En realidad, algunos afroamericanos fueron convencidos por especuladores de tierras para que presentaran reclamaciones dudosas. Una vez aprobada la solicitud, los especuladores compraban las tierras a bajo precio.

En 1907, el Territorio Indio y el Territorio de Oklahoma se unieron e ingresaron en la Unión como estado de Oklahoma. Las promesas de soberanía y cualquier pequeña reivindicación de autonomía de 1830 fueron oficialmente retiradas. La gran mayoría de la población de Oklahoma era blanca. Se instituyó la segregación, reconociendo a los nativos americanos como blancos. Los afroamericanos no tenían derecho a voto. El territorio antes controlado por los nativos americanos y refugio de los afroamericanos estaba ahora controlado por la supremacía blanca. Aunque los nativos americanos eran considerados blancos para determinadas leyes, no eran aceptados como iguales en las comunidades blancas.

Capítulo 16: Legado e historiografía

Bandera del Movimiento Indio Americano
Tripodero, CC0, vía Wikimedia Commons;
https://commons.wikimedia.org/wiki/File:Flag_of_the_American_Indian_Movement_V2.svg

Gran parte de la historia de los indígenas estadounidenses, incluidas las Cinco Tribus, desde 1907 hasta la actualidad ha sido una lucha por el reconocimiento y la igualdad de derechos. Por ejemplo, la ocupación de Wounded Knee en 1973 fue una protesta contra la corrupción de los gobiernos tribales y el incumplimiento por parte del gobierno estadounidense de los tratados firmados anteriormente. En esta protesta en concreto participaron oglala lakota y miembros del Movimiento Indio

Americano, que pretendían abordar la miríada de problemas a los que se enfrentaban los indígenas estadounidenses en la época moderna, desde la falta de fondos para la educación hasta la brutalidad policial y la pobreza. Se llamó al FBI y a los US Marshals, y el asedio, que duró 71 días, se saldó con dos activistas muertos y otros dos desaparecidos, entre ellos el líder de los derechos civiles Ray Robinson. Un agente del FBI quedó paralítico y varios más resultaron heridos. En 2014, el FBI hizo público que Robinson había sido asesinado, quizá debido a un desacuerdo con los líderes tribales.

La ocupación de Wounded Knee formaba parte de una historia mucho más larga, por supuesto. En 1956, la Ley de Reubicación Indígena había ayudado a los nativos americanos a trasladarse de las zonas rurales a las ciudades para obtener oportunidades, pero también contribuyó a alejar a los nativos americanos de sus raíces culturales y a despoblar las tierras tribales. Esto se consideró parte de la llamada política de terminación india en Estados Unidos desde la década de 1940 hasta la de 1960. Los críticos argumentaban que este periodo, en el que se promulgó una gran cantidad de legislación federal y estatal, estaba diseñado para acabar con las tribus y obligar a los indígenas a abandonar su identidad tribal y convertirse simplemente en ciudadanos estadounidenses. En particular, citaron la Ley Pública 280, que pretendía transferir la aplicación de la ley en las reservas indias del control federal al control del sheriff local en varios estados. Esto quitaba a las tribus el poder de juzgar a los no nativos por delitos cometidos en las tierras de la reserva.

En 1978, el Movimiento Indio Estadounidense organizó la primera «larga marcha». Se trataba de una marcha espiritual por todo el país para concienciar sobre las actividades federales que afectarían negativamente a los indígenas estadounidenses. La marcha comenzó en la isla de Alcatraz, en San Francisco, y terminó en el monumento a Washington, en Washington D. C., recorriendo más de 5.000 kilómetros. Ese año, el Congreso aprobó la Ley de Libertad Religiosa de los Indios Americanos, que protegía varios aspectos de las prácticas religiosas de los nativos americanos. En 2008 se celebró otra «larga marcha», que centró la atención en la protección de los lugares sagrados, el cambio climático y la soberanía tribal, entre otras cuestiones.

Los expertos e investigadores que trabajan en la historia de los nativos americanos deben prestar especial atención a las actitudes contemporáneas de los nativos americanos que viven en Estados Unidos. Al igual que ocurre con los relatos de la historia afroamericana, los historiadores deben ser conscientes del público moderno y de las implicaciones de su trabajo. Los relatos de las Cinco Tribus Civilizadas no pueden contarse sin un contexto y una mayor comprensión de la experiencia de los nativos americanos. Se podría llegar a la conclusión de que la tribu cheroqui, por ejemplo, era descendiente de la cultura misisipiana, pero hay que recordar que, según la tradición oral cheroqui, la tribu existe desde tiempos inmemoriales. No son solo los historiadores los que cuentan la historia cheroqui; son ellos mismos los que la cuentan. Hoy se puede visitar www.cherokee.org y leer el relato de su historia, así como noticias actuales sobre su nación y las actividades de su tribu. La Nación Muscogui (Creek) también tiene un sitio web: www.muscogeenation.com. El sitio tiene poco de histórico, pero se centra más en el presente y en ofrecer noticias y recursos a los miembros de la tribu muscogui. Su historia es una historia viva, que se escribe hoy en informes trimestrales y en la aprobación de importantes proyectos de ley.

Los historiadores deben estar dispuestos a contar la historia completa de las Cinco Tribus. En el pasado, los historiadores querían presentar a los nativos americanos como salvajes y culparlos directamente de sus circunstancias. Estos primeros historiadores americanos no querían dar una imagen poco halagüeña del gobierno de Estados Unidos. Entonces empezaron a revelar los detalles de incidentes como las masacres de Sand Creek y Wounded Knee y la ruptura de tratados por parte del gobierno federal. Todos los libros de texto de historia estadounidense incluían al menos alguna información sobre el Sendero de las Lágrimas. Sin embargo, estos historiadores solían pasar por alto la esclavitud dentro de las Cinco Tribus y no mencionaban que no solo los nativos americanos, sino también los esclavos recorrieron el Sendero de las Lágrimas.

Los historiadores modernos intentan ofrecer una visión más holística de los relatos de los nativos americanos. En sus esfuerzos, deben enfrentarse a la realidad de que muchos nativos americanos copiaron las actitudes estadounidenses sobre raza y género para ser vistos como iguales a los estadounidenses blancos. Algunos nativos americanos lucharon contra la invasión de los estadounidenses y los británicos antes que ellos; otros se aliaron con los estadounidenses y lucharon contra otras tribus o incluso contra miembros de su propia tribu con los que no estaban de acuerdo. Sin duda, los nativos americanos fueron tratados de forma horrible en muchos casos, y casi todos los blancos asumieron que eran de una raza inferior. Sin embargo, es igual de cerrado de mente pensar en los nativos americanos como un grupo totalmente cohesionado. Eran y son una población de gente complicada con una amplia gama de motivos e intereses, no diferentes de los de cualquier otra sociedad —excepto, quizás, su larga historia de apropiación de sus tierras y su cultura por la persuasión y la fuerza, sin tener en cuenta sus derechos. Esta verdad es compartida por todas las tribus y grupos de nativos americanos del continente y los ha llevado a alinearse con otros pueblos indígenas tratados de forma similar, como las poblaciones nativas de Hawái y el pueblo maorí de Nueva Zelanda.

Conclusión

El legado de los nativos americanos es un tapiz colorido y a veces sombrío que resulta esencial para comprender la experiencia estadounidense. Los nombres de muchos estados, ciudades, universidades y ríos derivan de nombres de nativos americanos. La historia de la frontera estadounidense es casi siempre la historia de la lucha entre los nativos americanos que vivían y utilizaban la tierra y los colonos que querían la tierra. Sin embargo, la historia estadounidense tiene la costumbre de borrar la presencia de los nativos americanos. Incluso la idea de la frontera y de las tierras vírgenes no reclamadas que bordeaban los Estados Unidos en expansión desmiente el hecho de que las tierras vírgenes no eran tan salvajes y pertenecían a personas que cazaban y cultivaban la tierra. Los primeros colonos británicos atravesaban campos que consideraban cubiertos de maleza, sin darse cuenta de que en realidad estaban sembrados de maíz, judías y calabazas, pero no en hileras claramente definidas como estaban acostumbrados. Antes de la llegada de los europeos, los nativos americanos no disponían de hachas de metal, por lo que desbrozaban sus tierras mediante quemas controladas. Los árboles se talaban quemando un anillo en la base. Los europeos y los estadounidenses no reconocían los métodos que utilizaban los nativos americanos para mantener sus tierras y, por lo tanto, suponían que no habían hecho nada y que no tenían derechos sobre su tierra natal.

Cuando los nativos americanos aparecen en libros, películas y televisión, a menudo se los representa como el enemigo o un obstáculo que hay que superar. Muy pocas veces se los muestra en compañía de estadounidenses blancos, luchando junto a ellos. Los libros de historia y los sitios web se apresuran a hablar de los bastones rojos en la guerra Creek, pero a menudo omiten a los bastones blancos, que lucharon junto a los soldados estadounidenses para derrotar a sus pendencieros hermanos. En el entretenimiento popular, los nativos americanos han sido a menudo algo a lo que temer, pero en los tiempos modernos suelen ser algo a lo que venerar o a lo que compadecer. A menudo se muestra a los nativos americanos como seres inescrutables y quizá místicos. Rara vez se los representa como seres humanos, con debilidades y sueños. Los estadounidenses tienen dificultades para representarlos porque no son simplemente otro grupo cultural, sino un grupo con el que los estadounidenses blancos tienen una historia problemática.

Sin embargo, recientemente se han hecho esfuerzos para desechar los nombres ofensivos utilizados en el pasado y dados a equipos deportivos, carreteras y puentes, por nombrar algunos. Algunos estadounidenses han reconocido que ciertas cosas, como la presencia de un retrato de Andrew Jackson, serían ofensivas para los nativos americanos. Sin embargo, muchos estadounidenses aún desconocen la complicada historia de un hombre como Andrew Jackson con respecto a los nativos americanos. Por eso es tan importante contar la historia de los nativos americanos al público moderno. Solo si se tiene una visión de conjunto se puede comprender la situación actual. Con esta visión a gran escala en mente, es mucho más fácil abordar el mundo contemporáneo y ver posibles caminos hacia un futuro mejor.

Segunda Parte: El Sendero de Lágrimas

Una guía apasionante sobre la expulsión de los choctaw y chickasaw, las guerras seminolas, la disolución de los creek y la reubicación forzosa de la tribu cheroqui

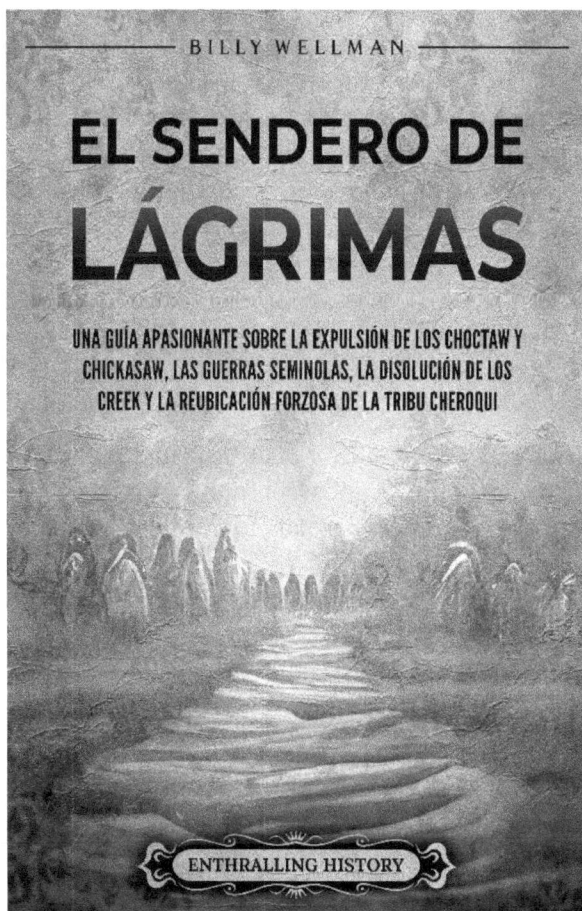

Introducción

Este libro narra la historia del enfrentamiento entre las tribus de nativos americanos que ocuparon el sureste de Estados Unidos durante el siglo XIX y los colonos europeos que llegaron a América huyendo de la persecución religiosa. Debido a su ansia de tierras y beneficios, los ricos «land-jobbers» (especuladores de tierras) atrajeron a los colonos hacia el oeste, diezmando a los nativos americanos que se encontraban en su camino. Se hicieron muchos tratados con el gobierno estadounidense, algunos por acuerdo tribal, otros por disidentes que decían hablar en nombre de toda la tribu y otros por buscadores de oro y acaparadores de tierras sin escrúpulos respaldados por políticos corruptos que querían la tierra para ellos.

A menudo, cuando los colonos incumplían los tratados y ocupaban tierras de los nativos americanos, el gobierno pasaba por alto estas violaciones, con la esperanza de evitar un conflicto con los estados. Dada la posterior resistencia de los nativos americanos a la invasión de sus tierras y la respuesta de las milicias estatales y del ejército estadounidense, junto con la masacre y el desplazamiento resultantes de muchas tribus, debemos preguntarnos: «¿Era inevitable esta muerte y destrucción de las naciones indias americanas? ¿Podrían haberse llevado bien los nativos americanos y los colonos, preocupándose mutuamente por su bienestar mientras compartían la tierra?».

Estas son las preguntas sobre las que reflexionaremos en este libro, y giran en torno a la vieja cuestión de la codicia humana, para la que quizá no haya respuesta.

Capítulo 1: Las Cinco Tribus Civilizadas

Los Cheroqui

Cualquier historia que tenga que ver con las tribus nativas americanas debe comenzar con las que se han denominado las Cinco Tribus Civilizadas, aquellos esforzados agricultores y pastores que vivían principalmente en los estados del sur de Estados Unidos. Estas tribus eran la Cheroqui, la Choctaw, la Muscogui (creek), la Chickasaw y la Seminola. Se ganaron su nombre porque adoptaron la cultura estadounidense con más facilidad que otras tribus, lo que los llevó a ser considerados «civilizados» a los ojos del gobierno estadounidense.

Como nota, lo que sigue es un breve resumen de las tribus, por lo que le animamos a aprender más sobre sus culturas. La mejor manera de comenzar su investigación es visitar los museos y centros culturales locales de los nativos americanos.

Empezaremos por la Nación Cheroqui, la tribu más numerosa de Estados Unidos en la actualidad. Fueron los que opusieron mayor resistencia a los intentos del gobierno de desplazarlos de sus tierras ancestrales.

Los cheroquis eran un grupo étnico unido por el parentesco (clanes) cuyos miembros hablaban la lengua iroquesa. Tenían aldeas en el norte de Georgia, en las montañas Blue Ridge y, en menor medida, en el curso superior del río Savannah. Mantenían amplias relaciones, aunque no siempre amistosas, con los creek y los saponi, que vivían en la zona del

Piamonte, en la frontera entre Carolina del Norte y Virginia. Los cheroquis eran la tribu más populosa al este del Misisipi, y sus clanes se extendían por las Carolinas, Georgia, Alabama y Tennessee[1].

Una nación Cheroqui era una confederación de pueblos bajo un jefe supremo de guerra o un jefe supremo de paz. Los nativos de los pueblos rojos (de guerra) estaban bajo el mando del jefe supremo de guerra, y los nativos de los pueblos blancos (de paz) estaban gobernados por, ya lo ha adivinado, el jefe supremo de paz.

Los cheroquis, como muchas otras tribus, se unieron para luchar contra la invasión de los colonos blancos. Sin embargo, tenían un sistema único de creencias, incluida la Danza del Oso (Yona), en la que bailaban alrededor de una hoguera u olla con calabazas y sonajas de caparazón de tortuga.

Otra cosa que distinguía a los cheroquis de otras tribus era el hecho de que tendían a ponerse del lado de los británicos en el comercio y la guerra, lo que los hizo entrar en conflicto con las colonias cuando estas se expandieron hacia el oeste. Como los colonos invadían las tierras de los nativos americanos, les negaban el acceso a sus cotos de caza, destruyendo así el sustento económico del que dependían. Los británicos involucraron a los cheroquis en varias guerras. Por ejemplo, lucharon contra los yamasi en 1715 en Carolina del Sur, lo que condujo a una guerra de cuarenta años entre los cheroquis y los creeks[2].

Sin embargo, en 1759, británicos y cheroquis estaban enfrentados. Estalló una guerra abierta porque los cheroquis consideraban que no habían sido recompensados por sus esfuerzos para ayudar a los británicos contra los franceses y otras tribus nativas americanas. Durante la guerra Anglo-Cheroqui (1758-1761), cada bando acusó al otro de traiciones durante la guerra franco-india. Los británicos quemaron aldeas y masacraron a los cheroquis, y estos atacaron a los colonos.

Con el Tratado de Long Island del Holston (1777) se alcanzó una paz temporal, ya que los cheroquis recibieron Long Island a cambio de renunciar a sus reclamaciones en el este de Tennessee. Con el tiempo, los cheroquis volvieron a ponerse del lado de los británicos contra los colonos, y fueron perseguidos y masacrados por las milicias sureñas. Un valiente guerrero cheroqui llamado Dragging Canoe continuó la lucha

---

[1] Boulware, Tyler. "Indios Cherokee". Nueva Enciclopedia de Georgia, 20 de enero de 2009, https://www.georgiaencyclopedia.org/articles/history-archaeology/cherokee-indians/.
[2] Ibid.

después de que se violaran numerosos tratados y se perdieran más tierras. Durante diez años después de la Revolución estadounidense, Dragging Canoe lideró a los cheroquis de Chickamauga en un último esfuerzo por colaborar con los británicos y otras tribus nativas americanas, pero los guerreros cheroquis se vieron finalmente obligados a abandonar la lucha.

La «Carretera Federal», el camino principal desde el sur de Georgia hasta Knoxville, Tennessee, era la puerta de entrada al Oeste. En su segundo mandato, el presidente George Washington la designó ruta postal hacia el Oeste, pero en 1806, en virtud del Tratado de Tellico, los cheroquis cobraban 1.600 dólares por transportar viajeros a través del territorio cheroqui. Con el tiempo, los colonos invadieron las tierras de los cheroquis y acabaron con sus cotos de caza, lo que acabó provocando su desplazamiento a Oklahoma[3].

Antes de este traslado, muchos jefes cheroquis se resistieron a los esfuerzos de traslado, señalando el Tratado de Hopewell (1785), que establecía las fronteras entre EE. UU. y la Confederación Cheroqui. El jefe cheroqui John Ross lideró el grupo de resistencia conocido como el Triunvirato Cheroqui, formado por él mismo, Charles Hicks y Major Ridge. Juntos elaboraron el Tratado de 1819, en el que el gobierno ayudaba a los cheroquis que aceptaban ceder tierras en el sureste a cambio de tierras al oeste del Misisipi.

El «Partido de la Paz», los líderes cheroquis que querían que la Nación Cheroqui se trasladara a Oklahoma, se opuso a los deseos del jefe John Ross al negociar el Tratado de Nueva Echota en 1835, que acordaba el traslado de todos los cheroquis más allá del Misisipi. Aquellos cheroquis disidentes, liderados por Major Ridge, que antes se había puesto del lado de John Ross, pagarían más tarde el precio de sus acciones fraudulentas. Su hijo, John Ridge, y su sobrino, Elias Boudinot, que también firmaron el tratado, también perderían la vida.

Así, la Nación Cheroqui dejó de existir como cuerpo unificado en el sureste estadounidense debido a la guerra, el hambre, las enfermedades y la pérdida de sustento económico. Tras varios años de desacuerdos con el Partido de la Paz y el Triunvirato Cheroqui, los que aún no se habían marchado acordaron finalmente trasladarse a Oklahoma. John Ross viajó a Washington para negociar la retirada de los cheroquis restantes, y el gobierno federal les proporcionó dos millones de dólares para su viaje al

---

[3] Ibid.

oeste.

Los choctaw

Los choctaw eran originarios de México y del oeste de EE. UU. y
vivían en el valle del río Misisipi, a lo largo del camino forestal Old
Natchez Trace, que era la principal ruta comercial entre las fronteras
oriental y meridional. Esta zona, las áreas boscosas del sureste de
Alabama, Misisipi y Luisiana, era la patria de esta tribu de guerreros
muskogeanos.

Su vida giraba en torno a la agricultura. Los choctaw cultivaban maíz y
judías, que comerciaban con otras tribus, con los europeos y con los
estadounidenses. Jugaban al *stickball* y al chunky stone (*tchung-kee*), que
utilizaban para «prepararse para la guerra o como alternativa a la guerra».
En el juego chunky stone (traducción literal piedra en trozos), se hacían
rodar piedras en forma de disco por el suelo. Luego, los jugadores
lanzaban lanzas para ver quién se acercaba más[4].

Otro dato interesante sobre los choctaw es que encontraban atractivas
las cabezas planas. Una de sus costumbres era atar una tabla o un saco de
arena a la cabeza del niño al nacer para aplanar el cráneo hasta que
quedara alargado como un balón de fútbol.

Los choctaw eran conocidos por tener una sociedad matriarcal y por su
elaborada celebración de la cosecha, conocida como el Festival del Maíz
Verde. La dieta de los choctaw incluía pescado, maíz, calabaza, ciervo,
oso, nueces y judías. Todas estas materias primas eran valiosos activos
comerciales.

Al igual que los cheroquis, los choctaw eran hábiles comerciantes,
guerreros y consumidores, pero por desgracia también corrieron la misma
suerte que las demás tribus desplazadas. Los choctaw se aliaron con los
británicos en los siglos XVIII y XIX para establecer relaciones
comerciales y de seguridad, pero en el proceso se vieron envueltos en
guerras contra otras tribus. Finalmente, se aliaron con los franceses para
diezmar a la tribu Natchez.

El jefe Pushmataha fue el choctaw más famoso. Luchó con los
estadounidenses en la guerra de 1812 y negoció tratados con el gobierno
estadounidense. Sin embargo, al final, todo fue en vano. Los
especuladores monopolistas de tierras del noreste empezaron a vender
parcelas en el valle del Misisipi, atrayendo a colonos a la zona, lo que

---

[4] "Early Choctaw History". https://www.nps.gov/natr/learn/historyculture/choctaw.htm.

provocó enfrentamientos con los choctaw.

Pushmataha fue honrado como general de brigada del ejército estadounidense y enterrado en el cementerio del Congreso.
https://commons.wikimedia.org/wiki/File:Pushmataha_high_resolution.jpg

Después de que el presidente Andrew Jackson aprobara la Ley de Traslado Forzoso de Indios de 1830, setenta mil choctaw recorrieron el Sendero de las Lágrimas, que atravesaba Georgia, Tennessee, Misisipi y Arkansas. Los choctaw fueron reunidos y ubicados en campamentos con poco tiempo para recoger sus pertenencias, por lo que a menudo no tenían ni mantas ni zapatos. Los puestos de aprovisionamiento cobraban precios elevados y a menudo eran asaltados por los colonos. Los cheroquis estaban mejor preparados, ya que contaban con médicos y depósitos de suministros a lo largo del camino, pero el viaje a Oklahoma seguía siendo arduo. Alrededor de cuatro mil cheroquis y unos tres mil choctaw murieron por el camino. Cabe señalar que el número de muertos varía mucho de una fuente a otra; en este libro hemos optado por utilizar las cifras más aceptadas.

Muscogui (Creek)

Al igual que los cheroqui y los choctaw, los creek también eran una tribu guerrera, aunque en estas tribus había algo más que la guerra. Uno de los líderes creek más notables fue el jefe Menawa, que significa «el gran guerrero», quien dirigió a sus combatientes del Palo Rojo (los que llevaban garrotes de guerra pintados de rojo) durante la batalla de Horseshoe Bend (actual Alabama) en 1814 y en la lucha contra las tropas del general Andrew Jackson en Enitichopco Creek.

Menawa era el jefe de Okfuskee y poseía grandes rebaños de ganado vacuno y porcino. Comerciaba con caballos y pieles con la gente de Pensacola, pero acabó indignándose por la invasión de tierras creek en Georgia y Alabama por parte de los colonos. Menawa empezó a asaltar asentamientos y pueblos para robar caballos, lo que lo enfrentó a las fuerzas del general Jackson en la Curva de la Herradura[5].

Los creek, como los cheroqui al norte y los choctaw al este, eran tribus agrícolas. Cultivaban maíz, judías, calabacines, calabazas, melones y boniatos. También tenían una empresa manufacturera en Columbus, Georgia, donde fabricaban cestas, cerámica y coloridas pieles de ciervo. Los creek también comerciaban con cera de abeja, pieles, miel y carne de venado.

La Confederación Creek se escindió después de que Jackson los derrotara en la Curva de la Herradura y los obligara a ceder la mitad de Alabama. El papel de Jackson en la batalla de Horseshoe Bend lo ayudó a llegar a la presidencia, donde promulgó una ley que trasladó a las tribus del sudeste al oeste del Misisipi. Se calcula que 3.500 creeks murieron en el Sendero de las Lágrimas[6].

Los chickasaw: Chikasha-Saya («Yo soy chickasaw»)

Los chickasaw eran muy aficionados a los tatuajes (pinturas de guerra), que creían que realzaban su espíritu guerrero. Los chickasaw eran feroces guerreros y se los conocía como los «espartanos del Misisipi». Participaron en muchas batallas con otras tribus y contra los colonos blancos[7]. Vivieron en Misisipi, Alabama, Tennessee y Kentucky hasta 1832, cuando se vieron obligados a trasladarse a Oklahoma.

Al igual que los cheroqui, los choctaw y los creek, los chickasaw eran una nación agrícola que comerciaba con británicos y franceses, pero en muchos aspectos eran diferentes de las demás tribus civilizadas. Tenían una red de pueblos en Alabama, Kentucky y Tennessee, y su capital estaba en Tishomingo, Misisipi. Los chickasaw establecieron leyes, religión, una constitución con un poder legislativo y ejecutivo, y elecciones populares.

Se dice que lucharon con los franceses contra los británicos en la guerra franco-india y que el Regimiento Montado Chickasaw acabó

---

[5] Braund, Kathryn. "Menawa". https://encyclopediaofalabama.org/article/menawa/.
[6] Haveman, Christopher. "Creek Indian Removal". http://encyclopediaofalabama.org/article/h-2013.
[7] "History: Chickasaw Nation". https://www.chickasaw.net/our-nation/history.aspx.

ayudando al Sur en la guerra de Secesión. Tras la guerra, se convirtieron en granjeros y ganaderos de éxito y construyeron escuelas, bancos y empresas en territorio indígena.

El Tratado de Doaksville de 1837 selló el destino de esta tribu seminómada. Los chickasaw fueron la última de las Cinco Tribus Civilizadas obligadas por el gobierno estadounidense a viajar por el Sendero de las Lágrimas. Entre quinientos y mil chickasaw murieron en el viaje.

Los seminolas

Los seminolas llegaron a lo que hoy se llama Florida mucho antes que los españoles. Los españoles los llamaban «*cimarrones*», que significa «salvajes» o «fugitivos», debido a que los seminolas eludían constantemente la captura. La tribu tenía miembros en toda Florida, Georgia y Alabama, y se designaban a sí mismos como pueblos no conquistados que buscaban liberarse de la conquista[8].

Los seminolas comerciaban con los españoles y, a su vez, estos les compraban cuero y ganado. Los seminolas eran conocidos por la costura, el patchwork, la construcción de chickees (un tipo de cabaña de madera) y la lucha con caimanes. Vivían en casas de paja de palma (chickees), vestían ropas ornamentales, celebraban el paso de las estaciones y practicaban sus formas ancestrales de música y danza[9].

Uno de sus grandes jefes guerreros era Abiaka, un jefe de guerra del clan Pantera. Se lo consideraba un gran curandero que se convirtió en jefe cuando otros eran demasiado viejos o habían emigrado. Abiaka, también conocido como Sam Jones, condujo a sus guerreros a las profundidades de los pantanos, donde pudieron luchar eficazmente contra los soldados estadounidenses. Abiaka era el jefe de los mikasuki (una tribu seminola-creek) y guio a su pueblo a través de los pantanos durante las muchas décadas de guerra. Siguieron de cerca a los soldados estadounidenses mientras navegaban por los pantanos, por lo que estos sufrieron constantes ataques sorpresa. Aunque en los pantanos abundaban las enfermedades, Abiaka conocía las hierbas medicinales y salvó la vida de sus hombres en numerosas ocasiones[10].

---

[8] "Introduction". https://www.semtribe.com/stof/history/introduction.
[9] "Seminole History". https://dos.myflorida.com/florida-facts/florida-history/seminole-history/
[10] "Abiaka (Seminole Indian Sam Jones) - One of the Greatest Medicine Men in History". https://worldprophesy.blogspot.com/2015/01/abiaka-one-of-greatest-medicine-men-seminole.html.

Abiaka utilizó la guerra de guerrillas o tácticas de ataque y huida para luchar contra los soldados estadounidenses. Una cocinera llamada Martha Jane declaró que, en una reunión con un general estadounidense en 1847, Abiaka supuestamente dijo: «Mi madre murió [aquí], mi padre murió aquí, y maldita sea si yo muero aquí también». Su resistencia a trasladarse a donde los colonos blancos querían que fuera era tan fuerte que supuestamente mató a su hermana cuando esta pensó en emigrar. Sentía tanto odio hacia los colonos blancos que a menudo tiraba el dinero que le ofrecían y se negaba incluso a mirarlos.

Debido a su determinación y habilidad como gran curandero y líder, Abiaka nunca fue capturado, por mucho que lo intentara el general Zachary Taylor, el último general que lo persiguió. Finalmente, Abiaka murió en los pantanos que amaba[11].

Unos quinientos seminolas permanecieron en Florida después de los combates, ya que Estados Unidos se cansó de su guerra con la tribu al no conseguir ningún progreso real. Sin embargo, muchos seminolas se marcharon voluntariamente o se vieron obligados a hacerlo.

---

[11] Ibid.

Capítulo 2: Orígenes siniestros

Con estos antecedentes básicos sobre las Cinco Tribus Civilizadas, podemos empezar a entender el choque de civilizaciones que tuvo lugar en Estados Unidos entre 1810 y 1860, un choque que afectó a más de cinco tribus. Entró en juego el elemento de la codicia, ya que los colonos blancos deseaban las tierras de los nativos. Los especuladores invadieron las tierras de los nativos en busca de oro y negociaron contratos para construir ferrocarriles. Se drenaron pantanos y se excavaron canales, todo a costa de las tribus nativas americanas, que perdieron sus cotos de caza y se vieron obligadas a huir a los pantanos y bosques de Norteamérica.

No importaba que los nativos americanos se europeizaran. El cristianismo se imponía cada vez más, desplazando a las religiones indígenas. Algunas tribus que antes dependían de la caza ahora se dedicaban a la agricultura, y muchas estaban desarrollando diferentes formas de gobierno. Mientras tanto, los colonos avanzaban hacia el oeste a gran velocidad, arrasando todo lo que encontraban a su paso. Los ricos especuladores y los gobiernos estatales, con la aprobación tácita del gobierno federal, se enriquecieron en el proceso.

La frase que Sam Bigotes le gritó a Bugs Bunny lo dice todo: «¡Hay oro en esas colinas!». El oro provocó la invasión de las tierras de los nativos americanos por parte de buscadores de oro y capitalistas adinerados que buscaban tierras para sus empresas. Muchos historiadores citan la búsqueda de oro del general William Tecumseh Sherman en California como el detonante de la Fiebre del Oro, que, a su vez, provocó una fiebre del oro en las tierras de los nativos americanos desde las Dakotas hasta

California.

El enfrentamiento entre los nativos americanos y los colonos parecía inevitable, dada la llegada de los europeos y la «codicia» inherente a la búsqueda de riqueza material. Pero, ¿cómo se trataba a los nativos americanos antes del Sendero de Lágrimas?

Como hemos señalado antes, los seminolas estaban en Norteamérica antes que los españoles, y probablemente fueron los primeros en enfrentarse a la invasión de sus tierras por parte de los conquistadores liderados por Ponce de León y Hernando de Soto. Pero esa historia es para otro día. Un buen punto de partida sería el Tratado de Hopewell de 1785, firmado bajo la presidencia de John Hancock, presidente del Segundo Congreso Continental. Este tratado entre los cheroquis, choctaw y chickasaw, y el gobierno de Estados Unidos se firmó en Carolina del Sur. Según los términos del tratado, los nativos americanos cedían secciones de sus tierras a cambio de protección. El tratado pronto fue violado por los colonos invasores, y los líderes tribales se negaron a reconocer la soberanía de Estados Unidos o de los estados en los que vivían.

Unos años más tarde, en 1791, el presidente George Washington, al igual que Andrew Jackson cuarenta años después, hizo del «problema indio» una prioridad absoluta. Quería una política justa y, al igual que el presidente Jackson, puede que fuera sincero en su deseo de paz. Sin embargo, en ambos casos, la paz no estaba en las cartas[12].

Washington, que estaba comprando grandes extensiones de tierra, dio instrucciones a la Administración de Asuntos Indios para que siguiera los «grandes principios de justicia y humanidad», pero la administración pronto supo que el Congreso Continental ya había enfadado a los nativos americanos al ordenarles que se trasladaran al oeste del Misisipi. La opinión del secretario de Guerra Henry Knox se expresó en su informe oficial del 15 de junio de 1789, en el que «instaba a adoptar lo que creía una política justa y humana que reconociera los derechos de los indios al suelo, rechazara el principio de conquista y compensara a los indios por las tierras que cedieran»[13]. Pero en una carta de 1790 a Washington, aparentemente cambió de opinión, diciendo: «Incumbe a los Estados Unidos estar en condiciones de castigar todas las agresiones no

---

[12] "Native Americans". https://www.mountvernon.org/george-washington/native-americans/.
[13] "Report of Henry Knox on the Northwestern Indians".

provocadas»[14]. Esto puso a la administración en un dilema, y Washington acabó creyendo que los nativos americanos estarían mejor si se los separaba de los colonos blancos.

El presidente Washington decidió que el poder constitucional de elaboración de tratados, que debía llevarse a cabo entre el Senado y el presidente, debía aplicarse a los nativos americanos.

Cuando los shawnee, miami, ottawa, chippewa, iroqueses, fox y souk del valle del Ohio decidieron que estaban cediendo demasiada tierra, empezaron a resistirse a la expulsión. El presidente envió cinco mil soldados al mando del general «loco» Anthony Wayne para sofocar la rebelión. En la batalla de los árboles caídos (1794), la confederación de nativos americanos fue destruida. El Tratado de Greenville (1795) condujo a un periodo de paz, lo que permitió a Washington dirigir su atención hacia el sur para tratar los problemas entre Georgia y los creek, chickasaw, choctaw y cheroqui, cuatro de las llamadas «tribus civilizadas».

Los creeks no estaban de acuerdo con los tres tratados que habían firmado con Georgia, ya que se los había obligado a ceder veintitrés millones de acres (parte del sur de Georgia y la mitad de Alabama). Una delegación de veintiocho jefes viajó a Nueva York para las negociaciones y, en virtud del Tratado de Nueva York, recuperaron algunas de sus tierras arrebatadas por Georgia. Pero las estipulaciones que el gobierno de Washington incluyó en el tratado implicaban algo más que la paz. El tratado protegía a los creeks de Georgia, pero también establecía que debían «aculturarse y civilizarse» y formar parte de asentamientos en los que estarían sujetos a las leyes estatales.

El pensamiento de Washington, fruto de su temprana experiencia con los nativos americanos, lo llevó a creer que estos debían europeizarse, ya que ello les permitiría integrarse más fácilmente en la sociedad blanca y superar los prejuicios a los que se enfrentaban. Así, el tratado estipulaba que los creeks debían abandonar la caza y convertirse en «pastores y cultivadores».

Pero, de nuevo, al mirar hacia el futuro, George Washington tenía el mismo problema que Andrew Jackson y Martin Van Buren: una abrumadora afluencia de colonos blancos que se dirigían hacia la frontera occidental. Este es un hecho que los críticos de la expulsión de los nativos

---

[14] Knox, Henry. "To George Washington from Henry Knox". https://founders.archives.gov/documents/Washington/05-04-02-0353.

americanos no tienen en cuenta cuando fustigan a Andrew Jackson, a quien a menudo se acusa de genocidio debido a sus políticas de expulsión de los nativos americanos. Sin duda se puede argumentar a favor de culpar a los colonos, a los especuladores de tierras, a los codiciosos y despiadados barones del ferrocarril y a quienes impulsaron la expansión y el crecimiento de Estados Unidos para convertirlo en un imperio. Sin embargo, la mayor parte de la culpa suele recaer en los presidentes Jackson y Van Buren, este último continuó la política de Jackson.

Incluso en 1776, Washington y Knox temían que las tribus nativas americanas fueran aniquiladas por la avalancha de colonos, y Washington dijo: «Creo que nada que no sea una muralla china o una línea de tropas podrá contener a los traficantes de tierras y la invasión de colonos en el territorio indio»[15]. Así pues, si queremos hablar de genocidio o de los siniestros orígenes de la expulsión de los nativos americanos, tenemos que empezar por los colonos blancos y la expansión hacia el oeste. Sin embargo, tampoco hay que pasar por alto el doble lenguaje de los políticos y los sobornos que aceptaron de los ricos especuladores.

El historiador estadounidense Colin Calloway observa el lado más oscuro de George Washington para, en cierto modo, opacar su brillante armadura estadounidense. Como hemos dicho, Washington, al igual que Jackson, se opuso al traslado de los nativos americanos y afirmó que quería tratarlos humanamente permitiéndoles permanecer en sus tierras si accedían a reconocer el poder del Estado en el que residían, lo que, por supuesto, leo obligaba a negar su propia soberanía. Calloway rebate la idea de que Washington supiera que la expulsión de los nativos americanos era «inevitable» afirmando que «Washington sabía que debía construir su nación en tierras indias, y mediante la guerra y la diplomacia... sabiendo que la expansión hacia el oeste expulsaba a los indios y convertía las tierras tribales en Estados». Dice que los objetivos de Washington eran primero adquirir tierras y luego buscar justicia para los nativos americanos. Si se negaban a vender, Washington estaba dispuesto a hacerles la guerra. Calloway dice que Washington usó la palabra «extirpar», que significa «destruir». Extirpó a los iroqueses, que, a su vez, lo llamaron «Destructor de Pueblos»[16].

[15] Genovese, Michael A. & Landry, Alysa. *US Presidents and the Destruction of the Native American Nations (The Evolving American Presidency)*. Palgrave Macmillian, 2021.
[16] Calloway, Colin. "George Washington Lived in an Indian World, but His Biographies Have Erased Native People". https://longreads.com/2018/11/07/george-washington-lived-in-an-indian-

Otros historiadores nos cuentan que Washington invitaba a menudo a los jefes nativos americanos a cenar con él en su casa de Filadelfia. Calloway nos cuenta que tras una de estas reuniones con el jefe mohawk Joseph Brant, este advirtió a otros nativos americanos que Washington hablaba con lengua viperina. «George Washington es muy astuto, intentará engañarnos si puede. Habla muy suave, te contará historias bonitas y al mismo tiempo querrá arruinarte».

Señaló además que el Tratado de Nueva York contenía seis «artículos secretos» que los creek desconocían cuando firmaron el tratado con EE. UU., pero solo dos fueron ratificados por el Senado. Menos de un año después, Washington envió tropas para destruir las aldeas de nativos americanos del noroeste de Ohio porque se negaban a ceder sus tierras ancestrales. Calloway resume su ensayo diciendo que «las decisiones de Washington sentaron precedentes que aún perduran. Como padre de la patria, también fue el padre de las tortuosas, conflictivas y a menudo hipócritas políticas indias de Estados Unidos»[17].

En 1811, el general William Henry Harrison, futuro presidente de Estados Unidos, derrotó al jefe shawnee Tecumseh y a las tribus del noroeste en la batalla de Tippecanoe, en Indiana, frustrando la esperanza de Tecumseh de crear una Confederación del Noroeste. Después siguió la guerra de 1812, en la que muchas tribus de nativos americanos lucharon con los británicos. Otro futuro presidente, el general Andrew Jackson, llamado «Cuchillo afilado» por los nativos americanos debido a su crueldad, luchó contra los guerreros Palo Rojo de los creeks. Al final, se confiscaron veintitrés millones de acres de tierra de los creek.

Por último, en 1830, el presidente Jackson patrocinó la Ley de Traslado Forzoso de Indios, que acabó obligando a las tribus restantes, incluidos los seminolas de Florida, que ya habían cedido cuatro millones de acres en virtud del tratado de Moultrie de 1823, al oeste del Misisipi. Los seminolas de Florida fueron atacados por las milicias de Georgia y el ejército estadounidense, y fueron empujados más al sur, hacia los pantanos. Esto se debió a la naturaleza competitiva de su agricultura y a que las tribus nativas americanas utilizaban esclavos fugitivos para sus granjas, que las plantaciones necesitaban para cultivar sus cosechas. Los seminolas siguieron resistiendo incluso después de que se aprobara la Ley de Traslado Forzoso de Indios. La ley acabó provocando la segunda

world-but-his-biographies-have-erased-native-people.
[17] Ibid.

guerra Seminola (1835-1842), a la que siguió la tercera guerra Seminola de 1855, tras la cual la población seminola de Florida quedó reducida a unos pocos centenares.

La explosión demográfica de Estados Unidos convirtió la expansión hacia el oeste en una necesidad para los colonos, que se veían atraídos por los especuladores de tierras. El enfrentamiento entre especuladores de tierras y nativos americanos se produjo porque los especuladores veían a los nativos americanos como un escollo en el camino hacia el desarrollo social y económico. La idea del destino manifiesto trajo consigo oportunidades para la agricultura, la ganadería y la explotación forestal. Como tal, la idea del destino manifiesto, la idea de que la expansión estaba divinamente ordenada y era justificable, condujo a la expulsión de los nativos americanos de sus tierras ancestrales.

Emanuel Gottlieb Leutze, *Hacia el oeste, el curso del imperio sigue su camino* (estudio mural, Capitolio de Estados Unidos), 1861, óleo sobre lienzo, Smithsonian American Art Museum, legado de Sara Carr Upton, 1931
https://commons.wikimedia.org/wiki/File:Westward_the_Course_of_Empire.jpg

Históricamente, muchos estadounidenses destacados, como el presidente George Washington y el presidente James Madison, abogaron por la expansión hacia el oeste. Por supuesto, el presidente Andrew Jackson (1829-1837), el presidente Martin Van Buren (1837-1841) y el presidente James Polk (1845-1849) apoyaron la idea del destino manifiesto, término acuñado por el editor de periódicos John O'Sullivan hacia 1845.

La llegada masiva de europeos a la costa este, los especuladores de tierras que los empujaron hacia el oeste y la fiebre del oro contribuyeron a expulsar a las tribus nativas americanas de sus tierras natales.

Capítulo 3: La Ley de Traslado Forzoso de Indios de 1830: Causas y consecuencias

Aunque fueron muchos los factores que condujeron a la expulsión de los nativos americanos de sus tierras ancestrales, Leonard Carlson y Mark Roberts, en su artículo titulado «Indian Lands, Squatterism, and Slavery» (Tierras indias, ocupación ilegal y esclavitud), nos cuentan que los esclavistas del sur querían más tierras en el oeste para cultivar algodón, mientras que los fabricantes del norte, liderados por el Partido Whig, pensaban que la expansión hacia el oeste sería perjudicial para los negocios de Nueva Inglaterra. La disputa se recrudeció en el Congreso.

Mientras tanto, el presidente Andrew Jackson estudiaba la Ley de Traslado Forzoso de Indios. Los ocupantes ilegales se habían asentado en tierras de nativos americanos y exigían que se les permitiera comprar las tierras que ocupaban a bajo precio. Georgia, que tenía una gran población cheroqui, exigió que las tribus que reclamaban tierras georgianas fueran trasladadas al oeste para preservar su cultura y evitar su aniquilación a manos de los colonos y las milicias estatales[18].

---

[18] Carlson, Leonard A., y Mark A. Roberts. "Indian Lands, Squatterism, and Slavery: Economic Interests and the Passage of the Indian Removal Act of 1830". *Explorations in Economic History* 43.3 (2006): 486-504. Web. www.sciencedirect.com.ezproxy.liberty.edu.

La Ley de Traslado Forzoso de Indios otorgó al presidente Jackson la autoridad para intercambiar tierras al oeste del Misisipi por otras en las que vivían los nativos americanos dentro de las fronteras estatales. A finales de la década de 1830, el gobierno comenzó a trasladar por la fuerza a los cheroquis y a otras tribus hacia el oeste a través de lo que se conoció como el Sendero de Lágrimas.

Hubo algunas personas que se opusieron a la Ley de Traslado Forzoso de Indios, entre ellas el congresista Davy Crockett, quien declaró que su voto en contra «no me avergonzaría en el día del juicio»[19]. El misionero cristiano y editor de periódicos Jerimiah Evarts utilizó su periódico para oponerse a la ley. El jefe cheroqui John Ross viajó muchas veces a Washington, D. C., para argumentar también en contra.

De niño, Davy Crockett creció en la salvaje frontera del actual este de Tennessee. Tras varias escaramuzas con sus compañeros de escuela y las reprimendas de su padre, el muchacho de fuerte carácter se escapó de casa a los catorce años, trabajando como sombrerero y conductor de ganado. En 1813 se alistó en la milicia de Tennessee para luchar contra la facción de los creeks, los Palo Rojos. Los Palo Rojos luchaban contra otros creeks y contra el gobierno de EE. UU., ya que se oponían con vehemencia a ser asimilados por los estadounidenses. Llevaron a cabo una masacre en Fort Mims, Alabama, en la que murieron o fueron capturados cientos de civiles. Durante la guerra Creek, Crockett fue explorador y cazador, pero estaba con el general Andrew Jackson cuando este masacró a más de doscientos Palo Rojos en el asentamiento creek de Tallahatchie.

Davy Crockett fue elegido miembro del Congreso en 1827, tras un periodo en la legislatura estatal, y utilizó su mordaz lengua para oponerse a la Ley de Traslado Forzoso de Indios de Jackson en 1830, contra la que votó. En una carta de 1834, arremetía contra el traslado forzoso de los cheroquis a Oklahoma por parte de Jackson y lamentaba que el vicepresidente Martin Van Buren llevara a cabo las políticas de Jackson sobre los nativos americanos. Crockett amenazó con trasladarse a las «tierras salvajes de Texas» si Van Buren era elegido. Debido a la airada oposición de Crockett a las políticas de Jackson sobre los nativos americanos, fue destituido en 1835. Enfadado por su derrota, pronunció su famosa frase: «Vosotros podéis iros todos al infierno, pero yo me iré a

---

[19] "Davy Crockett on the Removal of the Cherokees, 1834". https://www.gilderlehrman.org/history-resources/spotlight-primary-source/davy-crockett-removal-cherokees-1834.

Texas». Y eso es lo que hizo, muriendo finalmente durante la batalla del Álamo en 1836.

A pesar de la vehemente oposición en todo el país, la votación en el Congreso fue de 102 a 97, con el acuerdo del Senado. Casi todas las Cinco Tribus Civilizadas fueron presionadas para trasladarse al oeste. No todos aceptaron pacíficamente, ya que no querían abandonar su hogar. En consecuencia, las milicias estatales y el gobierno respondieron con la fuerza militar. 46.000 nativos americanos fueron expulsados a la fuerza de sus hogares. Miles murieron de enfermedades y hambre[20].

A medida que la violencia continuaba, muchos estadounidenses que originalmente se oponían a la reubicación y favorecían la asimilación llegaron a estar de acuerdo con los que la apoyaban, no solo por razones económicas, sino también humanitarias. Abolicionistas, ministros, cuáqueros, bautistas, metodistas y otros cristianos argumentaron que los nativos americanos debían ser trasladados al oeste para preservar su cultura y asegurarse de que no serían exterminados por los colonos.

Un año antes de que se aprobara la Ley de Traslado Forzoso de Indios (1829), durante el polémico debate sobre la ley en el Congreso, un dramaturgo llamado John August Stone escribió *Metamora o El último de los wampanoags*, una obra que retrataba el conflicto entre los puritanos y los wampanoags en el siglo XVII. Presenta a un wampanoag llamado Metamora como un «salvaje» despechado y violento que declara la guerra a los colonos ingleses. Al final, mata a su mujer para protegerla de los invasores blancos, tras lo cual los colonos masacran a los wampanoags. (En realidad, los wampanoags fueron diezmados por la viruela y los conflictos en el siglo XVII. Su número rondaba los siete mil en 1610, pero se redujo a unos cuatrocientos solo diecisiete años después).

Los historiadores debaten si esta obra, popular en Nueva Inglaterra, echó leña al fuego en el debate para desplazar a los nativos americanos, sobre todo porque la historia resonaba con lo que estaba ocurriendo en aquel momento. El presidente Jackson promulgó la Ley de Traslado Forzoso de Indios solo un año después de que se estrenara la obra. Otros sostienen que Stone se aprovechó del clima de la época y utilizó ideales románticos para crear una obra popular.

---

[20] "May 28, 1830 CE: Indian Removal Act".
https://education.nationalgeographic.org/resource/indian-removal-act.

No obstante, la mayoría de los entendidos reconocen la importancia de Metamora, como el historiador Donald B. Grose en su artículo «Edwin Forest, "Metamora" y la Ley de Traslado Forzoso de Indios de1830». La obra se estrenó en un momento crítico de la historia de Estados Unidos y retrataba a un noble nativo americano atrapado en la batalla contra los colonos blancos que invadían las tierras de los nativos americanos. Grose escribe que fue una lucha forzada sobre los nativos americanos por la guerra de 1812, que «provocó un poderoso nacionalismo e igualitarismo en Estados Unidos». La obra muestra «el sentimiento a favor de la expulsión y la solución final; la expulsión de los nativos americanos para evitar su aniquilación»[21].

La obra fue escrita para un concurso que Edwin Forrest, un actor, había creado para encontrar una obra basada en un personaje nativo americano. Stone ganó el premio en metálico. Forrest basó su interpretación del personaje en un choctaw llamado Pushmataha, al que había conocido años antes. Stone basó el personaje en el rey Felipe o jefe Metacom, que luchó contra los ingleses en la guerra del rey Felipe.

Edwin Forrest como Metamora en 1829
Internet Book Archives Images, sin restricciones.
https://commons.wikimedia.org/wiki/File:The_autobiography_of_Joseph_Jefferson_(1890)_(14778 655621).jpg

---

[21] Grose, B. Donald. "Edwin Forrest, 'Metamora,' and the Indian Removal Act of 1830". *Theatre Journal*, vol. 37, nº 2, 1985, pp. 181-91. *JSTOR*, https://doi.org/10.2307/3907064. Consultado el 18 de septiembre de 2022.

Metamora se representó en teatros de todo el país y reflejaba la ambivalencia de muchos con respecto al traslado de los nativos americanos, así como la lucha entre los humanitarios del noreste, partidarios de la asimilación, y los funcionarios federales y estatales, que consideraban mejor separar a los nativos americanos del hombre blanco.

Grose sitúa la obra en su contexto afirmando que «no se puede negar la actualidad del guion sobre los asuntos contemporáneos entre blancos e indios, ya que la obra y Forrest se vieron atrapados en veinte años de expansión blanca a expensas de las tierras y los derechos de los indios». El protagonista de la obra, Metamora, «ve la inmortalidad heroica en la derrota: "Estamos destruidos, ahora vencidos; ya no somos, pero somos para siempre"». Grose afirma que la obra retrata todas las características nobles del «salvaje», así como los rasgos opuestos del «diablo rojo»[22].

Con sus cimientos en el primitivismo renacentista, el estereotipo del noble salvaje ejemplificaba al nativo americano como una persona de belleza física y gracia natural, llena de un conocimiento intuitivo de la naturaleza y sus secretos. El noble salvaje era elegante de palabra, estoico y leal a sus amigos, parientes y seres queridos. Cuando este estereotipo entró en conflicto con la otra versión de los nativos americanos, el «demonio rojo», aquellos que solo buscaban la violencia y la destrucción de la civilización blanca, la gente no sabía cómo equilibrar las dos caras de la moneda. Para la mayoría, había tres métodos posibles: la victimización voluntaria, la aculturación y el exterminio.

Y ahí radica el quid de la compleja lucha entre los nativos americanos y los colonos blancos que tuvo lugar en Estados Unidos entre 1830 y 1850, aunque había empezado mucho antes. La situación era más compleja de lo que la mayoría cree, y *Metamora* es un buen ejemplo de la forma en que se mostraba a los nativos americanos. La obra muestra «al indio que a través de la aculturación... rechaza la indianidad y se convierte en blanco... pero no está dispuesto a reconocer su inferioridad y más tarde se convierte en un salvaje diabólico, el diablo rojo». Grose nos dice que el estereotipo también cumple la conceptualización europea del hombre salvaje del folclore. «Su salvajismo surgió tanto de su fracaso en ser blanco como de sus hazañas, pues el diablo rojo tiene la oportunidad de ser blanco y la rechaza enérgicamente»[23].

---

[22] Ibid.
[23] Ibid.

Por último, Grose señala que *Metamora* encaja con la idea del destino manifiesto y que retrata todos los conceptos raciales de los nativos americanos de la época: nómada, violento, traicionero, sádico y cobarde, lo que permitió al público del siglo XIX vitorear a Metamora como un noble salvaje y, al mismo tiempo, hacer que esperen su destrucción.

En su artículo «The Assimilation, Removal, and Elimination of American Indians» (Asimilación, traslado y eliminación de los indios americanos), Jessica Keating, de la Universidad de Notre Dame, amplía la idea de la asimilación, una idea que, según ella, se desarrolló a partir del movimiento de la Ilustración del siglo XVIII. Coincide con Grose en que estaba relacionada con la noción del destino manifiesto, la creencia de que Estados Unidos tenía el derecho divino de progresar y expandirse hacia el oeste. Pero el principal obstáculo a la expansión eran las tribus nativas americanas que ocupaban y bloqueaban las tierras necesarias para ese progreso. Y como la resistencia continuaba, el gobierno aprobó la Ley de Traslado Forzoso de Indios. Durante las siguientes décadas, los nativos americanos fueron trasladados forzosamente a reservas en Oklahoma[24].

---

[24] Keating, Jessica. "The Assimilation, Removal, and Elimination of American Indians". *The McGraph Institute for Church Life*, (2020). https://mcgrath.nd.edu/assets/390540/expert_guide_on_the_assimilation_removal_and_elimination _of_native_americans.pdf.

Capítulo 4: La resistencia seminola: Esto significa la guerra

Con la entrega de Florida a España en 1783 en virtud del Tratado de París, los colonos blancos empezaron a emigrar a Florida para aprovechar las concesiones de tierras que ofrecía el gobierno español. Sin embargo, estas tierras fueron ocupadas por los seminolas, que atacaron a los colonos. El problema se agravó aún más por el hecho de que los esclavos fugitivos buscaron refugio en Florida, ya que aún no formaba parte de Estados Unidos. Eran perseguidos por milicias de Georgia que trataban de capturar a los esclavos fugitivos a la vez que buscaban tierras y ganado.

En 1816, soldados estadounidenses atacaron y destruyeron una guarnición que albergaba a esclavos fugitivos, matando a 270 personas. Los seminolas tomaron represalias atacando asentamientos a lo largo de la frontera entre Florida y Georgia. En 1817 estalló la primera guerra Seminola, después de que el general Andrew Jackson y sus fuerzas destruyeran el poblado seminola de Fowltown. Los seminolas tomaron represalias atacando Fort Scott, donde mataron a 43 hombres, mujeres y niños. Jackson continuó sus ataques contra los pueblos seminolas a lo largo del río Suwannee, capturando St. Marks, un puesto militar español, y la ciudad española de Pensacola.

En ese momento, España se dio cuenta de que Florida era una carga. Los españoles sabían que ya no podían proteger sus asentamientos y firmaron el Tratado Transcontinental (también conocido como Tratado Adams-Onís) en 1819, por el que cedían Florida a EE. UU. El gobierno estadounidense controlaba la parte oriental del territorio y dos años más tarde reclamó Florida Occidental, que también había sido cedida en virtud del tratado[25].

El Tratado de Moultrie Creek, firmado en 1823 por los seminolas y Estados Unidos, establecía que los seminolas recibirían ayuda económica y una reserva de cuatro millones de acres en Florida Central si accedían a capturar y devolver a los esclavos fugados y a ceder todas sus reclamaciones sobre Florida. Pero para entonces, la animosidad entre los seminolas, que atacaban a los colonos a lo largo de la frontera entre Georgia y Florida, las milicias de Georgia, que realizaban incursiones en territorios de los nativos americanos para recuperar esclavos fugitivos, y el ejército estadounidense dirigido por Andrew Jackson, que atacaba e incendiaba aldeas de nativos americanos, era cada vez mayor. El tratado fue finalmente violado por todas las partes[26].

La segunda guerra Seminola (1835-1842) comenzó cuando un influyente guerrero seminola llamado Osceola asesinó a un agente indio llamado Wiley Thompson (era originario de Virginia, pero sirvió en el Senado de Georgia). Osceola recibió el nombre de Billy Powell al nacer. De niño vivió en Alabama con su madre muscogui. Lo más probable es que su padre fuera un escocés llamado William Powell. Billy y su madre se trasladaron a Florida cuando era niño. Su familia y otros creeks se unieron a los seminolas. Con el paso de los años, la invasión de los colonos blancos siguió empeorando. Tras el Tratado de Moultrie Creek, muchos seminolas, incluido Osceola (que obtuvo su nombre tras unirse a los seminolas), se adentraron en los territorios desconocidos de Florida.

Junto con otros jefes seminolas, como Alligator, Jumper, Coacoochee y Halleck-Tustennuggee, muchos guerreros seminolas lucharon contra el ejército estadounidense hasta que su número empezó a disminuir. Muchos fueron asesinados, capturados o trasladados a la fuerza hacia el oeste. En 1835, los seminolas intensificaron el conflicto masacrando a poco más de un centenar de soldados en una emboscada cerca de la actual Ocala. Esto se conoció como la masacre de Dade, llamada así por el general Francis Dade, que condujo a sus soldados a través de los pantanos hacia una emboscada. Los seminolas estaban escondidos en un

---

[25] "The Seminole Wars". https://seminolenationmuseum.org/history-seminole-nation-the-seminole-wars/

[26] Pauls, Elizabeth Prine. "Sendero de Lágrimas". Encyclopedia Britannica, 28 mar. 2022, https://www.britannica.com/event/Trail-of-Tears. Consultado el 24 de agosto de 2022.

terreno más alto, y el general Dade fue el primero en morir en la batalla.

Osceola y Coacoochee fueron capturados en 1837 cuando el general Jesup engañó a los seminolas bajo una falsa bandera de tregua[27]. Un artículo de 1988 en el *Sun Sentinel* de Florida del Sur dice que el jefe Osceola fue llevado en el SS *Poinsett* a una prisión en Fort Moultrie, Carolina del Sur, donde murió. Su médico, Frederick Weedon, le cortó la cabeza y se la llevó a casa como recuerdo. Pero incluso con la captura y muerte del jefe Osceola, los seminolas siguieron resistiendo[28].

La tercera guerra Seminola (1855-1858) fue dirigida por un jefe seminola llamado Holata Micco, al que los colonos blancos y los militares llamaban Billy Bowlegs. La leyenda dice que se hizo patizambo por su afición a montar caballos españoles. Holata Micco, que significa «jefe caimán», fue el último jefe seminola establecido que lideró la resistencia contra la invasión blanca[29]. Dirigió una banda de doscientos guerreros y eludió la captura hasta el final[30].

Aunque Holata Micco había firmado el Tratado de Desembarco de Payne en 1832, que obligaba a todos los seminolas a trasladarse al oeste del Misisipi, se negó a abandonar Florida, alegando que había nacido allí y que allí moriría. Tras el tratado, Holata Micco y su familia vivieron en paz hasta que topógrafos e ingenieros destruyeron sus plataneros. Para él, estaba claro que los colonos no se detendrían y que la violencia era la única respuesta. Emprendió una guerra de guerrillas contra el ejército estadounidense, que, a su vez, atacaba las aldeas seminolas y rastreaba a los guerreros con sabuesos.

Tres mil seminolas ya habían sido deportados en barco desde Nueva Orleans, y la presión se intensificaba para trasladar al resto a Oklahoma. Desesperado por someter al jefe caimán, el gobierno envió al jefe Wild Cat de los seminolas del oeste para que instara al desafiante Bowlegs a trasladarse al Territorio Indio. A Bowlegs le ofrecieron diez mil dólares y mil dólares a cada uno de sus jefes. Al principio no aceptó, pero después de que su campamento fuera destruido en 1857, se doblegó ante lo inevitable y cambió de opinión varios meses después.

---

[27] "The Seminole Wars". https://seminolenationmuseum.org/history-seminole-nation-the-seminole-wars/
[28] McIver, Stuart. "Bring Me the Head of Osceola". *Sun Sentinel*. https://www.sun-sentinel.com/news/fl-xpm-1988-01-31-8801070155-story.html.
[29] "Third Seminole War". https://www.u-s-history.com/pages/h1156.html.
[30] African American Registry (AAREG), "Billy Bowlegs, Seminole Chief". https://osceolahistory.org/billy-bowlegs-iii-ahead-of-his-time/.

En 1858, Bowlegs y casi otros doscientos seminolas se rindieron finalmente. En diciembre, volvió para convencer a los últimos seminolas de que se trasladaran al oeste. La gran mayoría de los seminolas no recorrieron el Sendero de Lágrimas, sino que fueron llevados en barco desde Nueva Orleans hacia el oeste.

En 1859, Holata Micco (Billy Bowlegs) llegó al territorio de Arkansas con sus dos esposas, un hijo, cinco hijas y cincuenta esclavos. Los negros liberados vivían en las comunidades seminolas y servían como consejeros, cazadores, guerreros e intérpretes. Pero como parte del proceso de asimilación a la cultura europea-estadounidense, las Cinco Tribus Civilizadas adoptaron la esclavitud. En la mayoría de los casos, se vieron obligados a renunciar a sus esclavos cuando fueron deportados, pero a Bowlegs se le permitió conservar a sus esclavos.

Tras la expulsión forzosa de Bowlegs y su familia, aún quedaban un par de centenares de seminolas que se negaron a abandonar Florida. Vivieron aislados hasta finales de la década de 1920.

Capítulo 5: El destino manifiesto: Jackson, Van Buren y el Tratado de Nueva Echota

Andrew Jackson, el futuro héroe militar y popular presidente demócrata, comenzó su ascenso a la cima a la edad de trece años, cuando fue arrestado en 1781 por los británicos por negarse a lustrar las botas de un oficial británico. Con el paso del tiempo, su madre murió de cólera mientras atendía a los soldados heridos en la guerra de 1812. Mientras tanto, su odio hacia los británicos se intensificaba. Jackson se hizo abogado y se trasladó de la frontera entre Carolina del Sur y Georgia a Tennessee, donde se convirtió en un rico terrateniente. Fue elegido miembro de la Cámara de Representantes, luego del Senado y, durante un tiempo, juez. Su popularidad lo llevó a ser nombrado general de división de la milicia de Tennessee. Jackson luchó en la guerra contra los británicos en 1812, donde ganó la batalla de Nueva Orleans, irónicamente con la ayuda de guerreros choctaw[31].

En 1814, con unos tres mil soldados estadounidenses y unos seiscientos aliados nativos americanos, Jackson luchó contra la facción Palo Rojo de los creeks, los que llevaban garrotes de madera pintados de rojo, unos meses después de que masacraran a los colonos en Fort Mims,

---

[31] Biography.com Editors. "Andrew Jackson Biography". A&E Networks. (2017). https://www.biography.com/us-president/andrew-jackson.

Alabama. Los propios creeks estaban divididos, lo que, para empezar, condujo a la guerra Creek. Los Palo Rojos, liderados por Peter McQueen y William Weatherford, querían unir a todas las tribus en una guerra contra Estados Unidos, pero los palos blancos, bajo el mando de Big Warrior, querían la paz.

Con el paso del tiempo, la guerra creek se convirtió en algo más grande y los Palo Rojos atacaron los asentamientos blancos. Para sofocar esta rebelión, Estados Unidos se alió con los guerreros Palo Blanco. La guerra culminó en la batalla de Horseshoe Bend, en la que murieron ochocientos guerreros Palo Rojos. El gobierno estadounidense confiscó veintitrés millones de acres a los creeks de Alabama y Georgia, a pesar de que muchos creeks habían luchado contra los Palo Rojos o se habían opuesto a ellos[32].

Tras la victoria de Jackson en Nueva Orleans, sus hombres lo apodaron «Old Hickory» (Viejo Nogal) por su dureza, y Jackson demostró este apodo cuando él y sus tropas marcharon a Florida, que aún era territorio español, y derrotaron a los seminolas en St. Marks y Pensacola en 1818. Esto le dio esencialmente el control de la parte occidental de Florida. En el Tratado Adams-Onís de 1819, España cedió oficialmente el territorio de Florida a Estados Unidos.

Tras ejercer como gobernador territorial durante dos meses, Jackson regresó a Tennessee para iniciar su carrera política. En 1824, el senador Jackson fue instado a presentarse a la presidencia, lo que supondría el inicio de su guerra contra lo que John Tyler llamó el «monopolio adinerado», es decir, los especuladores de tierras y sus aliados en el Congreso que querían un banco central estadounidense. Se beneficiarían de esta empresa, ya que el banco podría concederles préstamos.

Según Thomas DiLorenzo, en su libro *The Real Lincoln* (*El verdadero Lincoln*) los que se oponían a Jackson se separaron del Partido Demócrata-Republicano para convertirse en los Whig-Republicanos, mientras que Jackson y sus aliados siguieron siendo demócratas. Sus oponentes lo etiquetaron de «burro», y al presidente le gustó tanto el nombre que se convirtió en el símbolo del Partido Demócrata[33].

DiLorenzo nos cuenta que Jackson estaba en contra del sistema del mercantilismo británico, que en su opinión estaba siendo impuesto a

---

[32] Ibid.
[33] DiLorenzo, Thomas. The Real Lincoln: A New Look at Abraham Lincoln. Crown Forum, 2003.

Estados Unidos por los partidarios de un gobierno centralizado, en virtud del cual el Congreso subvencionaría a las empresas (bienestar corporativo). Jackson adoptó la opinión de James Madison de que «nunca se pretendió que la cláusula de bienestar general de la Constitución se convirtiera en una caja de Pandora para la legislación de intereses especiales». Así, se nos dice que cuando Jackson se convirtió en presidente, utilizó su poder de veto para eliminar todos los proyectos de ley de mejoras internas, refiriéndose a ellos como «cargar ... al gobierno con las pérdidas de la especulación privada sin éxito». DiLorenzo nos informa además de que, en el discurso de despedida de Jackson, este se jactó de haber «derrocado por fin ... este plan de gasto inconstitucional por influencia corrupta»[34].

Andrew Jackson también estaba en contra de los aranceles proteccionistas, que en su opinión favorecían a las grandes empresas, y presentó un proyecto de ley para abolir el colegio electoral, ya que estaba a favor del voto popular. También quería abolir la burocracia que permanecía en el poder cuando se elegía a un nuevo presidente, permitiendo su sustitución por aliados leales al nuevo presidente. En su batalla contra el Segundo Banco de los Estados Unidos, legado de defensores del gobierno centralizado como Alexander Hamilton y Henry Clay, Jackson trató de impulsar una carta bancaria a través del Congreso. El presidente Jackson tachó al banco de institución corrupta y elitista que manipulaba el papel moneda y tenía demasiado poder sobre la economía. En 1836, promulgó la Circular de Especies, que exigía el pago en oro y plata por la compra de tierras públicas.

Jackson ganó la batalla al final cuando el banco fue clausurado, pero tras la muerte del presidente William Henry Harrison después de solo un año en el cargo (1841), John Tyler continuó la lucha con los whigs sobre si un gobierno central fuerte sería más beneficioso que el aumento de los derechos de los estados. Este argumento había provocado la dimisión del vicepresidente del presidente Jackson, John Calhoun, cuando este se puso del lado de Carolina del Sur en la crisis de la anulación de 1832, en la que Carolina del Sur amenazó con separarse de la Unión por los elevados aranceles proteccionistas.

Las opiniones de Jackson enfurecieron a sus oponentes. Un pintor de casas intentó disparar al presidente en una ceremonia en el Capitolio,

---

[34] Ibid.

pero cuando la segunda pistola no se disparó, el Viejo Nogal se abalanzó sobre el hombre y lo golpeó con su bastón.

Andrew Jackson es quizás más recordado por la controvertida Ley de Traslado Forzoso de Indios de 1830, que condujo al Sendero de Lágrimas. En aquel momento, sin embargo, Jackson era un líder popular. Sin embargo, la realidad, según Alfred Cave en su artículo académico «Abuso de poder: Andrew Jackson y la Ley de Traslado Forzoso de Indios de 1830», fue que Jackson abusó de su poder como presidente al no hacer cumplir los tratados que ya existían y al confabularse con políticos demócratas, editores de periódicos, funcionarios estatales y agentes indios para aprobar la Ley de Traslado Forzoso de Indios.

En la mente de Jackson, los nativos americanos o bien vivían en naciones soberanas (que decían ser) o tenían que adherirse al Estado en el que vivían. Si eran naciones soberanas, entonces no se adherían a la Constitución y tenían que separarse.

Según Cave, la Ley de Traslado Forzoso de Indios no obligaba a los nativos americanos a trasladarse; les daba la opción de permanecer en sus tierras si reconocían los estados en los que vivían. Cave afirma que la Ley de Traslado Forzoso de Indios de 1830 «no autorizaba la derogación unilateral de los tratados que garantizaban a los nativos americanos derechos territoriales dentro de los estados, ni el traslado forzoso de los indios orientales». En otras palabras, el presidente hizo pasar la ley como si obligara a los nativos americanos a reubicarse en el oeste, cosa que no hacía y que no era lo que pretendía el Congreso, lo que según Cave fue un «abuso del poder presidencial». Por lo tanto, se nos dice que Jackson «hizo caso omiso de una sección clave de la ley» y también violó la Ley de Comercio e Intercambio de 1802, que permitía a los misioneros, maestros y comerciantes blancos operar en tierras de los nativos americanos[35].

Jackson estaba bajo la presión de la Junta Americana de Comisionados de Misiones Extranjeras de Boston. Este grupo era una espina clavada en el costado de Jackson, que contraatacó utilizando la Ley de Comercio e Intercambio de 1802 para denegar a los misioneros el acceso a las tierras de los nativos americanos. La ley prohibía a los ciudadanos entrar en territorio nativo sin licencia, y Jackson la vio como una forma de evitar que los grupos humanitarios interfirieran en sus políticas relativas al

---

[35] Cave, Alfred A. "Abuse of Power: Andrew Jackson and the Indian Removal Act of 1830". *The Historian*, vol. 65, nº 6, 2003, pp. 1330-53. *JSTOR*, http://www.jstor.org/stable/24452618. Consultado el 12 de septiembre de 2022.

problema de los nativos americanos.

Cave examinó el discurso pronunciado por Jackson en diciembre de 1830 ante el Congreso, en el que afirmaba que la emigración debía ser voluntaria «pues sería injusto obligar a los aborígenes a abandonar las tumbas de sus ancestros y buscar un hogar en una tierra lejana». Esta declaración parece demostrar que Jackson cambió de opinión respecto al traslado de los nativos americanos, afirmando que los derechos de los estados eran superiores al poder federal. Así, utilizó los derechos de los estados como una artimaña para eludir la cuestión y no hizo nada para proteger a los cheroquis del traslado por parte de los funcionarios de Georgia, ni tampoco actuó contra los gobiernos estatales de Alabama y Misisipi cuando trasladaron a los choctaw a tierras designadas en el oeste.

Cave sostiene además que Jackson ocultó su presión a favor del traslado de los nativos americanos siguiendo la política de su predecesor de conceder tierras al oeste del Misisipi a las tribus dispuestas a renunciar a ellas. Señala que la ley preveía 500.000 dólares para que Jackson pagara mejoras en casas, graneros y huertos, pero que ninguna parte de la ley autorizaba la confiscación de tierras de los nativos americanos que no hubieran cedido mediante tratado.

El secretario de Guerra, John Henry Eaton, informó a los líderes de la tribu cheroqui de que su «[reclamación] de derechos protegidos contra la invasión de Georgia no era más que concesiones temporales de privilegios concedidas por una potencia conquistadora —Estados Unidos— a un pueblo vencido»[36]. En esencia, el secretario de guerra estaba en lo cierto al afirmar que no se podía garantizar ningún tratado. Como consecuencia de la explosión demográfica y el posterior desplazamiento hacia el oeste de colonos, ocupantes ilegales, buscadores de oro y especuladores de la tierra, reforzados por la presión ejercida sobre el presidente Jackson por los funcionarios estatales, la expulsión de los nativos americanos era casi inevitable. Este argumento rebate el de Cave de que el presidente Jackson abusó de su poder. Incluso se puede argumentar que, si hubiera expulsado a los colonos blancos de las tierras de los nativos americanos, podría haber provocado que la guerra de Secesión empezara antes de 1860. Y, además, los congresistas que tenían el poder de crear tratados fueron igualmente responsables de violar la Ley de Traslado Forzoso de Indios de 1830. Cave nos dice que el Comité de Asuntos Indios de la

---

[36] Ibid.

Cámara de Representantes, aunque fue creado por demócratas partidistas, «desestimó la elaboración de tratados indios como nada más que un gesto vacío para aplacar la vanidad india»[37].

Según Cave, Jackson instó a sus partidarios, a los del Congreso y también a los editores de periódicos, a que presentaran la ley como una disposición para la «retirada voluntaria» con «remuneración por las tierras cedidas».

El representante demócrata Joseph Hemphill, de Pensilvania, propuso una enmienda que habría retrasado un año la aprobación de la ley, a la espera del informe de tres comisionados imparciales encargados de conocer los deseos reales de las tribus y certificar la idoneidad de las tierras occidentales designadas para su uso. Pero la ley fue aprobada, con el voto en contra de los cuáqueros y demócratas del norte, y el voto a favor de la mayoría de los demócratas del sur.

Es importante situar el argumento de Cave según el cual el presidente Jackson abusó de su poder en el contexto del clima social y político de la época. Si Jackson hubiera expulsado por la fuerza a los colonos blancos y a los ocupantes ilegales de los territorios de los nativos americanos para hacer cumplir los tratados, esto, junto con su postura contra Carolina del Sur en la controversia sobre la ley de anulación, habría inflamado a las facciones de los derechos de los estados que ya habían amenazado con separarse de la Unión.

Al resumir su tesis sobre la usurpación del poder por parte de Jackson, Cave señala la corrupción en el programa de expulsión, pero, de nuevo, podemos decir que el gobierno se encontraba en una encrucijada. Jackson podía reubicar por la fuerza a los nativos americanos en territorios al oeste del Misisipi o permitir que permanecieran en los estados, donde probablemente serían aniquilados.

Así pues, como decíamos en la introducción, la codicia fue un factor importante a la hora de expulsar a los nativos americanos, no solo por parte de los funcionarios corruptos del gobierno, sino también de los agentes indios y, en menor medida, de los jefes y otros nativos americanos dispuestos a aceptar dinero para ellos y para el reasentamiento de su tribu. Un poco de historia nos dice que las burocracias suelen ignorar los deseos de su presidente y que este se encuentra a menudo entre la espada y la pared, lo que sin duda fue el caso del presidente Jackson.

---

[37] Ibíd.

Para los que dicen que Jackson odiaba a los nativos americanos, el contexto de la época hace difícil estar seguros. Puede que sí. O quizá era un pragmático que creía que los nativos americanos estarían mejor si se trasladaban a tierras lejanas en Arkansas y Oklahoma, donde sus tribus pudieran vivir en paz. En cualquier caso, el legado de la democracia jacksoniana y el odio a los nativos americanos sigue vivo.

Andrew Jackson murió en 1845 de insuficiencia cardiaca e hidropesía. Sus esfuerzos serían continuados por Martin Van Buren, su antiguo secretario de Estado y vicepresidente, que llegó a la presidencia en 1837. Según el historiador Daniel Feller, se nos dice que Jackson estaba agradecido a Martin Van Buren por su ayuda en la dirección de la política exterior con Francia y Gran Bretaña y por su labor para deshacerse de la burocracia desleal sustituyéndola por demócratas leales[38].

Una caricatura política del presidente Andrew Jackson llevando al vicepresidente Martin Van Buren a la Casa Blanca
https://commons.wikimedia.org/wiki/File:The_rejected_Minister.jpg

[38] "Andrew Jackson Leaves Office: Martin Van Buren Becomes President" (2014). *Voice of America Multimedia Site.* https://learningenglish.voanews.com/a/andrew-jackson-van-buren/1775693.html.

El presidente Martin Van Buren continuó apoyando y llevando a cabo la Ley de Traslado Forzoso de Indios, alabando a su predecesor Andrew Jackson por sus esfuerzos para trasladar a los nativos americanos hacia el oeste. En 1837, calificó el desplazamiento de los nativos americanos de «política establecida del país» y dijo que era por su bienestar. En un mensaje al Congreso en 1838, Van Buren declaró que «una ocupación mixta del mismo territorio por el hombre blanco y el rojo es incompatible con la seguridad o la felicidad de ambos»[39].

En 1838, el presidente Van Buren envió al ejército a expulsar a los cheroquis que quedaban y que habían pedido más tiempo para prepararse. Unos cientos de cheroquis, sin la autoridad ni el conocimiento de los líderes tribales, habían firmado el Tratado de Nueva Echota en 1835, que establecía que los cheroquis renunciarían a sus tierras y se trasladarían al oeste del Misisipi en un plazo de dos años. John Ross, el principal jefe de los cheroquis, había rogado al Congreso que anulara el tratado, pero sus súplicas cayeron en saco roto. Casi todos los cheroquis se vieron obligados a trasladarse al oeste.

[39] Landry, Alysa. "Martin Van Buren: The Force Behind the Trail of Tears" (2018). *ICT. An Independent Nonprofit News Enterprise.* https://indiancountrytoday.com/archive/martin-van-buren-the-force-behind-the-trail-of-tears.

Capítulo 6: Ataque a los muscogui (creek)

Tras las numerosas guerras con las tribus nativas americanas del sudeste y la violación de numerosos tratados por parte del gobierno estadounidense, la negativa de los creeks que quedaban en Alabama a trasladarse tras su derrota en Horseshoe Bend enfureció al presidente Andrew Jackson, que se mostró decidido a expulsar a las tribus que quedaban al oeste del Misisipi. Los creeks ya habían sido expulsados de Florida y Georgia, y ahora el escenario estaba preparado para que los creeks restantes (Muscogui) fueran expulsados de Misisipi y Alabama.

Pero antes de entrar en la presidencia de Jackson y lo que hicieron con el «problema» creek, echemos un vistazo a uno de los líderes creek más prominentes. William McIntosh nació de padre escocés y madre senoia y vivió en la orilla oeste del Chattahoochee, en Georgia. Aprendió inglés por su cuenta y se integró sin problemas entre los colonos y los creeks[40].

William era conocido como Tustunnegge Hutker, o «Guerrero Blanco», por su participación en la guerra de 1812, durante la cual la Nación Creek se dividió en Lower Creek y Upper Creek. McIntosh se convirtió en el líder de los Lower Creek en el sur de Georgia, mientras que los Upper Creek residían en Georgia y Alabama. Cuando los Palo Rojos se separaron de los Upper Creek y exigieron que se mantuviera el

---

[40] Bullman, James A. "William, McIntosh Creek Indian (Muskogean)".
https://www.unknownscottishhistory.com/pdf/William_McIntosh_Creek_Indian_(Muskogean).pdf.

liderazgo tradicional, los Creeks entraron en guerra entre sí. Sin embargo, esta guerra provocó la intervención de los colonos, el gobierno estadounidense y las milicias estatales.

Como hemos dicho antes, los colonos invadieron las tierras de los nativos americanos, y las tropas del gobierno y las milicias acudieron en ayuda de los colonos, quemando aldeas de nativos americanos y masacrando a guerreros, mujeres y niños. También promulgaron tratados que se incumplían constantemente.

Los nativos americanos no siempre adoptaban un enfoque diplomático pacífico, sobre todo porque, para ellos, parecía que no tendría ningún efecto. También masacraron a mujeres, niños y soldados e incendiaron asentamientos. Estas guerras fueron sangrientas y estuvieron cargadas de tensiones.

El jefe McIntosh fue uno de los nativos disidentes que negoció tratados con el gobierno estadounidense, a menudo sin la aprobación del Consejo Nacional Creek. A cambio, recibía grandes sumas de dinero y tierras para él. Sus acciones lo llevaron a entrar en conflicto con las tribus Upper Creek, que lo consideraban un traidor que cedía fraudulentamente territorio creek que no tenía derecho a ceder.

El primero de los tratados en los que participó McIntosh fue el Tratado de Fort Jackson de 1814. Este tratado se firmó después de que la facción Palo Rojo Creek fuera derrotada en la batalla de Horseshoe Bend. Los términos del tratado establecían que el Consejo Nacional Creek tenía que ceder veintitrés millones de acres de tierra en Alabama al gobierno estadounidense. El tratado puso fin a la guerra Creek y supuso la disolución de los Palo Rojos, que se vieron obligados a trasladarse con el resto de los creeks.

El jefe McIntosh luchó más de una vez del lado del gobierno, incluso en la lucha contra los seminolas. Por firmar el Tratado de Indian Springs en 1821, McIntosh recibió 1000 acres en Indian Springs, Georgia, y otros 640 acres en el río Ocmulgee. Cuando firmó el Tratado de Indian Springs en 1825, cedió todas las tierras creek de Georgia y gran parte de Alabama. El pago por ello fue de 400.000 dólares, de los que McIntosh recibió 200.000 y otros 25.000 por sus tierras en Indian Springs[41].

Por desobedecer la ley del consejo, el jefe McIntosh fue perseguido por su viejo enemigo, el jefe Menawa de Upper Creek. En 1825,

---

[41] Ibíd.

doscientos guerreros incendiaron la casa de McIntosh. Lo sacaron de las llamas, lo apuñalaron y lo mataron a tiros. Otros firmantes del tratado también fueron atacados.

Tras el asesinato del jefe McIntosh, el líder del Consejo Nacional Creek, Opothle Yoholo, y una delegación de Upper Creeks viajaron a Washington para apelar al «Gran Jefe Blanco», el presidente John Quincy Adams. Opothle dijo al presidente que el tratado se había firmado sin tener en cuenta el consenso del pueblo. El presidente dio la razón a la delegación de Upper Creek, diciendo que el Tratado de Indian Springs debía invalidarse.

Se estableció un nuevo tratado, el Tratado de Washington (1826), que otorgaba todas las tierras al este del río Chattahoochee a los creeks por un pago único de 217.600 dólares y una anualidad de 20.000 dólares. También proporcionaba fondos para que los creeks buscaran nuevas tierras al oeste del Misisipi y se reubicaran.

El gobernador de Georgia, George Troup, se enfureció ante este giro de los acontecimientos y comenzó a enviar topógrafos para cartografiar las tierras cedidas en virtud del Tratado de Indian Springs. También estableció una lotería para que los colonos ganaran adjudicaciones en las tierras en cuestión. El presidente Adams envió tropas para hacer cumplir el Tratado de Washington. Pero cuando Troup llamó a la milicia, Adams temió que estallara una guerra civil. Se echó atrás y permitió que la legislatura de Georgia renegociara el acuerdo, con lo que Troup se apoderó de todas las tierras creek en las fronteras de Georgia. En 1827, casi todos los creeks habían sido expulsados de Georgia, y varios años más tarde, muchos de los creeks restantes serían expulsados de Alabama[42].

El Tratado de Cusseta de 1832 dividió las tierras de los creeks en asignaciones, de modo que podían vender sus asignaciones por dinero para trasladarse al oeste o quedarse y obedecer las leyes estatales. A los ocupantes ilegales no les importó lo que decían los tratados y siguieron trasladándose a las tierras creek. En 1836, los creeks ya estaban hartos. Se rebelaron contra los especuladores de tierras y los ocupantes ilegales, dando inicio a la segunda guerra Creek.

Durante este levantamiento de los creek en Alabama, estallaron todas las tensiones entre los especuladores de tierras, los colonos, los nativos

[42] "Trail of Tears: Creek Dissolution" (2002).
https://www.liquisearch.com/trail_of_tears/creek_dissolution.

americanos y el gobierno estadounidense. A medida que se tomaban más y más tierras de los nativos americanos, varias tribus empezaron a atacar y asesinar a los colonos blancos. Cuando el presidente Jackson se enteró de la noticia, envió a Francis Scott Key a evaluar la situación. Key informó de que había encontrado pueblos creciendo en tierras de los nativos americanos y documentó numerosos casos de fraude[43].

La situación estaba fuera de control, con ambos bandos cometiendo actos atroces. El presidente Jackson utilizó la violencia como justificación para trasladar a los creeks al oeste. Algunos fueron encadenados y llevados a Montgomery, donde fueron embarcados. Aquellos creeks que eran vistos como amistosos también fueron obligados a trasladarse.

---

[43] "The Creek War of 1836 in Alabama, Georgia, and Florida". https://exploresouthernhistory.com/secondcreekwar.html.

Capítulo 7: ¿La marcha de la muerte original? El Sendero de Lágrimas

El historiador William Higginbotham, que dice haber investigado durante veinte años los registros gubernamentales, militares y cheroquis, afirma que Gaston Litton, archivista de la Universidad de Oklahoma, dijo que un choctaw oyó la frase «Sendero de Lágrimas» utilizada por otro choctaw que hablaba con un predicador baptista. La frase se refería a una carretera en el Territorio Indio y, después de eso, el término se extendió como la pólvora. Higginbotham dice que los nativos americanos de mediados del siglo XIX nunca utilizaron el término y que se trata de un truco de prestidigitación de los marxistas culturales para calumniar a Andrew Jackson. Así es la historiografía revisionista, que generalmente contradice la versión de los guardianes del conocimiento histórico, pero incluso si lo que dice Higginbotham es cierto, la frase todavía puede aplicarse a la difícil situación de las Cinco Tribus cuando se desplazaron hacia el oeste[44].

Es cierto que los comisionados del gobierno, los colonos, los políticos y, en particular, el presidente Andrew Jackson argumentaron que sería mejor asentar a los nativos americanos en nuevas tierras en el oeste por su seguridad y para evitar su aniquilación por los colonos y las milicias

---

[44] Higginbotham, William. "Trail of Tears, Death Toll Myths Dispelled". *The Oklahoman*, 1988. https://www.oklahoman.com/story/news/1988/02/28/trail-of-tears-death-toll-myths-dispelled/62660437007/.

estatales. Higginbotham dijo que era «para evitar su extinción dado que muchas tribus del norte ya no existían». Otro punto en el que Higginbotham discrepa de la versión estándar del Sendero de Lágrimas es el número de los que murieron. Sostiene que en ninguna parte de los archivos consta que cuatro mil cheroquis murieran de camino a Oklahoma; según él, la cifra se sitúa probablemente entre cuatrocientos y ochocientos. Señala que los archivos de la Nación Cheroqui muestran que «el número de indios que partieron del este... se registró en 12.623 y el de los que llegaron al oeste en 12.783. Algunos rezagados se unieron en el camino».

También cita que T. Hartley Crawford dijo al secretario de guerra en 1840 que el número era de 447 y también señala que John Ross, el jefe cheroqui, nunca habló de un gran número de muertes en la marcha hacia Oklahoma, a pesar de sus muchos viajes a Washington. También se nos dice que el hermano de Ross era el proveedor del gobierno para los nativos americanos en ruta hacia el Territorio Indio en Arkansas y Oklahoma. Un médico de la Junta Americana de Comisionados para Misiones Extranjeras llamado Elias Butler, miembro de un grupo protestante de Harvard, fue enviado para atender a los enfermos. Supuestamente, fue él quien difundió el rumor de cuatro mil muertos, lo cual no eran más que rumores.

Otro punto que señala el historiador revisionista Higginbotham es la noción de que los cheroquis fueron «obligados» a marchar. Según él, la idea de que marcharon a punta de bayoneta en un frío invierno hacia el territorio de Oklahoma es incorrecta. Señala que los cheroquis abandonaron sus tierras natales de Georgia, Tennessee y las Carolinas por su cuenta después de solicitar más tiempo al general Winfield Scott para prepararse para el viaje. Cinco mil habían partido voluntariamente antes que ellos.

Higginbotham no niega que los nativos americanos sufrieran, pero también afirma que Jackson y Van Buren simpatizaban con los nativos americanos, ya que supuestamente creían que sería mejor para las tribus indígenas desplazarse hacia el oeste[45].

Sin embargo, hay que tener en cuenta que el traslado de las Cinco Tribus Civilizadas se produjo en una fecha muy posterior a la de, por ejemplo, los delaware, que se vieron obligados a desplazarse hacia el

---

[45] Ibid.

oeste, al valle del Ohio, a finales del siglo XVIII. Los cheroquis estaban mejor preparados, ya que tenían como líder a John Ross, un jefe culto que hablaba inglés. Además, como nos recuerda Higginbotham, los cheroquis recibieron inicialmente 2,9 millones de dólares por el traslado, cantidad que aumentó a 3 millones en 1849 gracias a la persistencia de John Ross.

A finales del siglo XVIII, los delaware se vieron obligados a abandonar el noreste en dirección al valle del río Ohio, en parte por miedo a la ira de los colonos y en parte porque se veían envueltos en las diversas guerras estadounidenses. No recibieron fondos para desplazarse, no había médicos que los acompañaran ni depósitos de suministros en el camino. Los historiadores cuentan que los delaware, que vivían en partes de Nueva York y Pensilvania, fueron conducidos hacia el oeste por misioneros y custodiados por tropas estadounidenses, lo que significa que fueron forzados violentamente y mediante tratados fraudulentos a abandonar sus hogares ancestrales. A menudo, los jefes firmaban los tratados con una «X», sin comprender las ramificaciones del documento y con la esperanza de que les esperara una nueva patria para sus tribus.

Dejando a un lado la historia revisionista, el Sendero de Lágrimas suele considerarse una época trágica de la historia de Estados Unidos, porque lo fue. Algunos lo comparan con la «Marcha de la muerte de Bataan», en la que el ejército japonés hizo marchar a prisioneros estadounidenses y filipinos aproximadamente setenta millas hasta el Campo O'Donnell, donde murieron miles de filipinos y cientos de soldados estadounidenses. Por supuesto, el desplazamiento de nativos americanos fue a mayor escala. Muchos hombres, mujeres y niños murieron de enfermedades e inanición, mientras que otros murieron congelados o por otras causas durante el largo viaje por tierra y agua. El Sendero de Lágrimas es una red de varias rutas; en total, suman más de ocho mil kilómetros.

En la década de 1830, las Cinco Tribus Civilizadas —los cheroquis, los choctaw, los creek o muscogui, los chickasaw y los seminolas— fueron el objetivo para desplazarse hacia el oeste. Según Bruce Johansen en su artículo «Jacksonian Indian Policy» (Política india jacksoniana), Jackson luchó con y contra los nativos americanos y siempre tuvo la intención de expulsarlos del sureste, como demuestra su negativa a reconocer las decisiones del Tribunal Supremo a favor de la soberanía de los nativos americanos. Sin embargo, eso no prueba que no simpatizara con ellos o que no creyera que pudieran reconstruirse y vivir una vida pacífica en

Oklahoma[46].

Johansen afirma que la Ley de Traslado Forzoso de Indios marcó un cambio importante en las relaciones de Estados Unidos con los nativos americanos, ya que la política de «segregar a los indios dentro de los estados pasó a trasladar a los indios más allá de la frontera, a perderlos de vista», con lo que los nativos americanos se vieron abocados a la miseria en su marcha hacia Oklahoma.

En su artículo, Johansen nos cuenta que la primera de las Cinco Tribus Civilizadas que se vio obligada a marchar por el Sendero de Lágrimas fue la choctaw de Misisipi, que fue trasladada tras ser engañada para firmar el Tratado de Doak's Stand. Se trasladaron al oeste, a tierras que ya ocupaban los colonos, que eran trece millones de acres en lo que hoy es Oklahoma.

En consecuencia, el tratado, que prometía 640 acres de tierra a cada familia, con 320 acres a cada niño mayor de diez años y 120 acres a cada niño pequeño, no se cumplió. Y como de costumbre, el gobierno se negó a intervenir. Los seis mil choctaw restantes optaron por permanecer en Alabama y Misisipi, donde se vieron obligados a aceptar el dominio de los gobiernos estatales a cambio de la adjudicación de tierras. Finalmente, tras la violación de tres tratados, los choctaw renunciaron a todas sus tierras al este del Misisipi, por las que no recibieron recompensa alguna, y su reubicación comenzó en 1831. Tardaron tres años en completarlo y se calcula que entre 2.500 y 3.000 choctaw murieron de hambre, enfermedades y exposición a los elementos durante el trayecto.

---

[46] Johansen, Bruce. "Jacksonian Indian Policy, 1818-1832". https://americanindian2-abc-clio-com.ezproxy.liberty.edu/Search/Display/2219984.

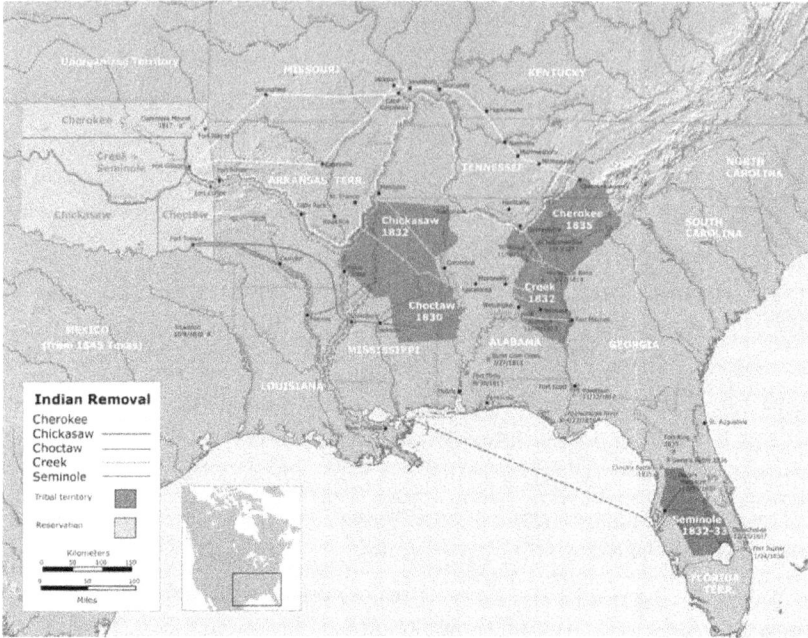

Mapa del Sendero de Lágrimas
https://commons.wikimedia.org/wiki/File:Trails_of_Tears_en.png

El Sendero de Lágrimas es algo más que un sendero; es también una representación del sufrimiento y las muertes que padecieron los nativos americanos al ser desplazados. Bajo la presión de los colonos de Misisipi, que querían las ricas tierras algodoneras que ocupaban los nativos americanos, el presidente James Monroe intentó expulsar a los choctaw de Misisipi en 1818, con el argumento del secretario de Guerra John Calhoun de que la tribu debía decidir sin coacción. En última instancia, Andrew Jackson fue enviado a negociar con los choctaw, y cuando las conversaciones fracasaron, atacó airadamente a Calhoun y a los misioneros que, según él, bloqueaban el traslado. Ante la negativa de los choctaw a trasladarse, alegando que las tierras al oeste del Misisipi no eran aptas para la agricultura, Jackson se mostró más decidido a forzar su traslado.

Jackson intentó de nuevo obligar a los choctaw a cruzar el Misisipi. En una segunda conferencia celebrada en 1820, el jefe Pushmataha firmó un tratado por el que los choctaw aceptaban renunciar a cinco millones de acres a cambio de tierras en Arkansas. Pero empujar a los choctaw hacia el oeste solo empeoró las cosas, sobre todo porque los colonos de Arkansas ya estaban ocupando las tierras designadas para la reubicación. Con la elección de Andrew Jackson a la presidencia en 1828, la presión para trasladar a los nativos americanos fuera de Misisipi se acentuó. Los argumentos se centraban ahora en los derechos de los estados, un factor importante en las batallas legales que los choctaw, los cheroqui y otras tribus libraban en los tribunales.

La elección de Jackson, que expresó su determinación de reubicar a los nativos americanos, envalentonó a los funcionarios del gobierno de Misisipi, que ahora se sentían respaldados para expulsar a los choctaw de sus tierras ancestrales. A finales de la década de 1820, el estado de Misisipi extendió sus leyes civiles y penales sobre los choctaw y los chickasaw, ilegalizando los gobiernos tribales. Y con Jackson en el poder, el gobierno estatal fue aún más lejos. Los choctaw fueron amenazados y coaccionados por los comisionados, que les dijeron que los blancos llegarían en masa y los aniquilarían si no accedían a trasladarse a Arkansas.

En 1830, temiendo por la seguridad de su pueblo, los líderes tribales permitieron que un jefe tribal egoísta llamado Greenwood LeFlore negociara un tratado final de traslado, en el que LeFlore recibiría tierras en Misisipi donde podría construir una plantación de algodón. LeFlore se escondería más tarde temiendo por su vida, ya que muchas de las tribus no querían trasladarse.

Posteriormente, los demás jefes, celosos de la influencia de LeFlore con los comisionados, firmaron el Tratado de Dancing Rabbit Creek el 27 de septiembre de 1830, acordando renunciar al resto de sus tierras y trasladarse al oeste de Arkansas. Bajo coacción y con falsas promesas del gobierno y la amenaza de ataques de los colonos, los choctaw firmaron el tratado y renunciaron a todas sus tierras al este del Misisipi. Como compensación, se les concedió una renta vitalicia de veinte mil dólares para construir escuelas, iglesias y un consejo tribal en el Territorio Indio.

Los duros términos del tratado establecían que cada familia recibiría una manta al llegar al final del camino, que el traslado debía realizarse en un plazo de tres años y que las familias recibirían pequeñas asignaciones de tierra. Pero el comisionado indio ignoró este último artículo, negándoles las asignaciones de tierra prometidas cuando llegaran. La tribu enfurecida amenazó con un levantamiento y LeFlore huyó despavorido. La caballería estadounidense fue enviada de nuevo para aterrorizar a los choctaw y someterlos[47].

---

[47] DeRosier, Arthur H. "Andrew Jackson and the Negotiations for the Removal of the Choctaw

Con el gobierno controlando sus fondos de anualidades y las tropas gubernamentales vigilándolos, los choctaw no tuvieron elección en el asunto de la reubicación. En noviembre de 1830, los choctaw, a quienes se les había hecho creer que se cuidarían de ellos durante el viaje, no tenían idea del sufrimiento que padecerían. Para ellos, el Sendero de Lágrimas comenzó en el otoño de 1831, y las rutas de viaje variaban. Algunos comenzaron en Vicksburg cruzando el río, mientras que otros viajaron por tierra hasta Memphis. Otros tomaron barcos de vapor por el río Misisipi y luego remontaron el río Rojo. Muchos tomaron barcos de vapor hasta el puesto de reubicación, mientras que otros viajaron a pie, a caballo o en carreta.

Por supuesto, llegó un gélido invierno y muchos choctaw murieron congelados por el camino. No había provisiones de alimentos proporcionadas por el gobierno, y si el comisionado acompañante no hubiera comprado comida por el camino, muchas personas habrían muerto de hambre. En los campamentos cercanos a Encore Fabre, Arkansas, no había refugio ni provisiones de alimentos, y la temperatura era bajo cero. Según los diarios de los supervivientes, a los que llegaron a este punto de reubicación les fue un poco mejor que a los que fueron hacia el sur, hacia Luisiana, ya que muchos de los que fueron hacia el sur se perdieron en los pantanos y tuvieron que ser rescatados en barcos. Luego fueron de Monroe, Luisiana, a Arkansas, donde se aventuraron hacia la reserva choctaw.

Los que viajaron a Memphis tuvieron miedo de subir a los barcos que se dirigían a Arkansas debido a una epidemia de cólera y decidieron viajar por tierra a través de los pantanos del Misisipi, con la intención de cruzar el río White hasta Rock Roe, un pantano de Arkansas. Mientras cruzaban la gran pradera hacia Little Rock, en 1832 se produjo un brote de cólera que causó numerosas muertes.

Los choctaw supervivientes llegaron finalmente a la Nación Choctaw, en la actual Oklahoma, en 1833. Los choctaw sufrieron mucho durante su traslado forzoso. Sufrieron disentería y cólera debido a la falta de agua potable. Se perdieron en los pantanos, los suministros eran escasos y estaban lejos unos de otros, los ladrones les robaban los caballos y el ganado, y los proveedores de whisky se aprovechaban de la gente desesperada. En 1836, quince mil choctaw habían sido reubicados, y los

Indians". *The Historian*, vol. 29, n.º 3 (1967). https://www.jstor.org/stable/24442605.

pocos miles que quedaban estaban siendo acosados. Muchos de ellos también se vieron obligados a marcharse.

Los cheroquis que vivían en el norte de Georgia, Tennessee y Alabama habían sido expulsados a la fuerza de sus tierras natales desde la década de 1820. Su territorio se había visto reducido por la afluencia de colonos y los diversos tratados incumplidos por los gobiernos estatal y federal. Muchos emigraron voluntariamente hacia el oeste, aunque bajo presión.

Al igual que ocurrió con los oficiales choctaw y de Misisipi, el gobierno de Georgia se vio reforzado en su determinación de expulsar a todos los cheroquis del estado. En 1828, Georgia asumió la jurisdicción sobre el territorio cheroqui y, con la aprobación de la Ley de Traslado Forzoso de Indios de 1830, ilegalizó el gobierno cheroqui, estableció la Guardia de Georgia y asumió el control de las minas de oro del territorio de los nativos americanos, prohibiéndoles extraer oro.

Con los líderes cheroquis divididos sobre la cuestión de la expulsión y el Consejo Nacional Cheroqui rechazando tratado tras tratado, el Tratado de Nueva Echota fue firmado en 1835 por la facción denominada Partido del Tratado en contra de los deseos del Partido Nacional del jefe John Ross. El tratado fue negociado por el comisionado indio John Freeman Schermerhorn y funcionarios no electos de la tribu cheroqui. En él se establecía que toda la Nación Cheroqui sería reubicada al oeste del río Misisipi.

Los líderes, que esperaban un duro invierno, pidieron tiempo para prepararse. Algunos, como John Ross, fueron a Washington para buscar apoyo y pidiendo que se anulara el tratado, ya que no representaba los deseos de la mayoría de la tribu. El gobierno no atendió su petición y, en la primavera de 1838, llegó el general Winfield Scott y empezó a reunir a los cheroquis que se habían quedado. Los colocó en campamentos para preparar la marcha hacia la actual Oklahoma.

Los cheroquis se enfrentaron a las mismas duras condiciones que los choctaw que marcharon antes que ellos. El agua y los alimentos escaseaban; los brotes de sarampión, cólera y disentería mataban a muchos; y los fríos inviernos se cobraban su tributo en los desventurados cheroquis. Se instalaron depósitos de suministros a lo largo del camino y la caravana iba acompañada de un médico, pero a pesar de estos preparativos, los cheroquis sufrieron tanto como las demás tribus en su viaje hacia el oeste.

Los cursos de agua de Arkansas eran escasos debido a la sequía, por lo que los cheroquis no pudieron embarcar. Se vieron obligados a caminar, muchos descalzos, hasta la misión de Dwight, Oklahoma, en mayo de 1834. En 1837, el último de los dos bandos cheroquis antagónicos, incluido John Ross y su familia, llegó a Fort Coffee, cumpliendo el plazo fijado por Jackson para 1838[48].

Sin embargo, catorce mil cheroquis seguían en el sureste en mayo de 1838. Jackson ordenó a las milicias estatales que los recogieran de los campamentos asolados por las enfermedades, donde habían sufrido el calor del verano. En Ross's Landing, en Chattanooga, Tennessee, el teniente Edward Deas hizo marchar a un grupo por 120 millas hasta Decatur, Alabama, tras lo cual se dirigieron por ferrocarril a Tuscumbia. Allí, fuertemente custodiados, fueron embarcados en un barco de vapor. La mayoría de los cheroquis carecían de pertenencias, ya que se habían visto obligados a abandonar sus hogares sin previo aviso. Después de que el amable operador del vapor les comprara ropa, se dirigieron a Fort Coffee, en Oklahoma.

El siguiente grupo de 875 fue llevado a Ross's Landing, pero presentaron más resistencia, ya que se negaron a dar sus nombres y rechazaron la ropa que se les ofrecía. En la ruta hacia Lewisburg, Arkansas, cientos escaparon, pero 722 llegaron antes del 1 de agosto. Debido al bajo nivel de las aguas en el sur, no se pudieron utilizar barcos de vapor, y el siguiente grupo tuvo que viajar por carretera desde Ross's Landing hasta Bellefonte, donde escaparon cientos de personas. Finalmente, llegaron a Waterloo, donde un barco de vapor los envió a Little Rock. Cuando llegaron a la Nación Cheroqui en septiembre, 141 habían muerto y 293 habían logrado escapar. Solo trescientos llegaron a Arkansas[49].

Otro grupo de cheroquis, que también padecieron enfermedades y murieron por el camino, fueron conducidos por tierra a Memphis y luego de nuevo por tierra a Little Rock, llegando al Territorio Indio en los primeros meses de 1839.

Estos catorce mil cheroquis restantes estaban mejor preparados para el peligroso viaje, simplemente porque el traslado ya estaba más organizado. El grupo contaba con ayudantes de conductor, jefes de carreta, carreteros

---

[48] Littlefield, Daniel F. "Cherokee Removal". *The American Mosaic: The American Indian Experience.* https://americanindian2-abc-clio-com.ezproxy.liberty.edu/Search/Display/1595705.
[49] Ibid.

y médicos. También se hicieron arreglos para los suministros que se daría en ciertos puntos a lo largo del camino. Se cree que cuatro mil Cheroqui perecieron en el camino. Las estimaciones se basan en los registros tribales y militares, por lo que, a diferencia de lo que piensan algunos historiadores revisionistas, las cifras no se sacan de la nada.

Capítulo 8: Implicaciones legales y reconstrucción de la tribu cheroqui

Las implicaciones legales del desplazamiento de los nativos americanos de sus tierras ancestrales giran en torno a la idea de que las tribus nativas americanas tenían un «derecho natural» a vivir en las tierras que ocupaban. Hay tres argumentos distintos: la cuestión de la soberanía de los nativos americanos, los derechos de los estados y el poder del gobierno federal en la elaboración de tratados.

En 1802, el gobierno estadounidense garantizó a los cheroquis todas las tierras que ocupaban dentro del territorio de Georgia, siempre que los cheroquis dieran su consentimiento[50]. Pero hay que tener en cuenta que la usurpación de las tierras de los nativos americanos comenzó mucho antes del Pacto de 1802. Con la llegada de Ponce de León y Hernando de Soto a las costas de Florida, el choque de civilizaciones empezó a hacer mella en ambos bandos. Una guerra de ojo por ojo entre los nativos americanos y los colonos blancos duró siglos y dejó el sureste cubierto de sangre.

¿Tenían los nativos americanos un derecho soberano sobre sus tierras ancestrales? Se trata de una cuestión jurídica que se discutió en los poderes ejecutivo, legislativo y judicial del gobierno estadounidense, y en la que se coaccionó a los jefes tribales para que firmaran tratados que no entendían. Muchas veces, los tratados eran fraudulentos, ya fuera a través

---

[50] Casebeer, Kenneth M. "Subaltern Voices in the Trail of Tears: Cognition and Resistance of the Cherokee Nation to Removal in Building American Empire". *University of Miami School of Law.* https://repository.law.miami.edu/umrsjlr/vol4/iss1/2/.

de especuladores sin escrúpulos que vendían tierras que ya estaban ocupadas, de embaucadores del gobierno, de nativos americanos disidentes que decían representar a toda la tribu y de jefes que firmaban tratados a cambio de dinero y tierras. A veces, los estados ignoraban las sentencias de los tribunales, y el presidente se negaba a menudo a hacer cumplir las leyes promulgadas por el Congreso que protegían los derechos de los nativos americanos. Por lo tanto, el Pacto de 1802 era nulo incluso antes de ser firmado.

A partir de entonces, los nativos americanos se dieron cuenta de que, tras años de tejemanejes, de cesión de tierras al gobierno y a empresas comerciales privadas, estaban cediendo demasiadas tierras y se veían obligados a endeudarse. En 1819, el Consejo Nacional Cheroqui decidió no hacer más cesiones de tierras. Un hecho interesante son las diferentes visiones de la propiedad de la tierra. Los nativos americanos creían tradicionalmente en la propiedad comunal, en la que una familia individual devolvía la tierra a la tribu, con lo que la tribu pasaba a ser propietaria implícita de toda la tierra. Los blancos, por su parte, utilizaban «normas e instituciones judiciales y del derecho consuetudinario», lo que les permitía manipular los tratados en su beneficio[51].

A menudo, los nativos americanos no podían permitirse abogados y, a medida que Georgia aprobaba más y más leyes, se hacía más difícil luchar contra los estados que reclamaban la soberanía sobre sus tierras. Georgia practicó una «estrategia legal de expulsión por inconveniencia y vigilantismo aprobado; retirando las protecciones del derecho penal... prohibiendo a los cheroquis comparecer ante los tribunales... y convirtiendo en delito la entrada de cualquier blanco en tierra cheroqui, rechazando las reclamaciones de oro de los cheroquis mientras reconocía las reclamaciones de los blancos dentro del territorio cheroqui»[52]. Por lo tanto, ya no se permitía la presencia de misioneros, maestros, artesanos e imprentas blancos en las tierras cheroquis.

Cientos de acuerdos fueron violados y rotos en los años 1700 y 1800. La inútil lucha de los cheroquis por la justicia continuó hasta 1829, cuando los cheroquis presentaron una petición al Congreso en la que declaraban que no aceptaban desalojar sus tierras ancestrales y exigían al gobierno que les proporcionara protección legal. Sin embargo, con la elección de Andrew Jackson en 1828, tenían pocas esperanzas de tener

---

[51] Ibid.
[52] Ibid.

éxito, especialmente cuando Jackson impulsó la Ley de Traslado Forzoso de Indios de 1830.

Fue en esta época cuando comenzaron las disputas entre los funcionarios cheroquis, ya que la facción contraria a la expulsión, liderada por John Ridge y Elias Boudinot, se dio cuenta de que su lucha era inútil. Empezaron a pensar que la única forma de evitar la aniquilación de la Nación Cheroqui era aceptar el reasentamiento en la actual Oklahoma.

Esto nos lleva al caso de la Nación Cheroqui contra Georgia de 1830, en el que el jefe John Ross y el abogado William Wirt (fiscal general bajo la administración de John Adams) argumentaron que el estado de Georgia estaba promulgando leyes inconstitucionales que, en efecto, «aniquilarían directamente... a los cheroquis como sociedad política»[53]. Georgia contraatacó argumentando que los cheroquis afirmaban ser una nación extranjera cuyos derechos estaban siendo violados. A ojos de Georgia, los cheroquis no podían reclamar la designación de país extranjero, ya que carecían de gobierno legítimo. Finalmente, el tribunal dictaminó que la Nación Cheroqui no era un país extranjero. Los redactores de la Constitución la consideraban una «nación interna dependiente» y, por tanto, no tenía motivos para presentar una demanda.

El presidente del Tribunal Supremo, John Marshall, declaró que la relación de la Nación Cheroqui con el gobierno federal era comparable a la de "un pupilo del Estado", mientras que el juez William Johnson escribió que las «reglas de las naciones» verían a los nativos americanos como «nada más que hordas errantes. Sin embargo, los jueces disidentes, Smith Thompson y Joseph Story, escribieron que la Nación Cheroqui tenía «usos, costumbres y autogobierno» y era un gobierno tal como lo designaba la Ley del Congreso de 1802. Esto significaba que el Tribunal Supremo tenía jurisdicción sobre el caso. Los dos jueces argumentaron que la demanda de los cheroquis contra el estado de Georgia debía ser admitida[54].

Un año después de este caso, en 1832, la demanda presentada por el reverendo Worchester contra Georgia llegó al Tribunal Supremo. En este caso, los cheroquis obtuvieron por fin lo que percibían como una victoria, ya que el tribunal dictaminó que eran una nación soberana. El líder cheroqui Elias Boudinot, escritor y editor de periódicos, se alegró

---

[53] "Cherokee Nation v. Georgia". https://en.wikipedia.org/wiki/Cherokee_Nation_v._Georgia.
[54] Ibid.

proclamando que la ley de Georgia había sido declarada nula por el más alto tribunal judicial del país. Los cheroquis lo celebraron con regocijo y bailes. Sin embargo, la decisión judicial no impidió que Georgia mantuviera encarcelado al reverendo Worchester (se negó a aceptar un indulto para poder llevar el caso ante el Tribunal Supremo). Georgia también ignoró la sentencia del Tribunal Supremo[55].

La ironía es que el gobierno federal del presidente Jackson se negó a intervenir, alegando que el estado de Georgia era una entidad soberana, como demostraba la decisión previa del juez Marshall en *McCulloch contra Maryland*, en la que Marshall reconocía el poder de un estado para adelantarse o impedir las acciones del gobierno federal. En el caso de *Worchester contra Georgia*, Jackson se remitió a la decisión de Marshall, que, según él, limitaba su poder con respecto al estado de Georgia, dando así a Georgia permiso tácito para continuar con su desplazamiento de los cheroquis y sentando un precedente para futuras anulaciones.

En relación con la decisión del caso *Worcester contra Georgia* y la negativa de Georgia a obedecer al Tribunal Supremo, se dice que Andrew Jackson dijo al general John Coffee que «la decisión del Tribunal Supremo ha nacido muerta, y que no puede coaccionar a Georgia para que ceda al mandato»[56].

Al resumir las batallas legales de los cheroquis contra el estado de Georgia en 1831 y 1832, podemos señalar un pasaje de «Voces subalternas en el Sendero de Lágrimas» («subalternas» son las voces de los nativos americanos que claman ayuda contra un gigante imperialista):

> «Los Estados persiguieron a los Cheroquis y afirmaron el control territorial sobre la Nación, excluyeron una estrategia de ley a través de los tribunales estatales, forzaron la estrategia de ley en los tribunales federales donde se negó a la nación la suficiente reivindicación de la soberanía hasta demasiado tarde para cambiar el diluvio político y negaron la aplicación de la ley federal de los tratados por la Constitución ... aunque los tribunales federales estaban abiertos para proteger los derechos de los ciudadanos

---

[55] Casebeer, Kenneth M. "Subaltern Voices in the Trail of Tears: Cognition and Resistance of the Cherokee Nation to Removal in Building American Empire". *University of Miami School of Law*. https://repository.law.miami.edu/umrsjlr/vol4/iss1/2/.

[56] Boulware, Tyler. "Cherokee Indians". *New Georgia Encyclopedia*, 20 de enero dc 2009, https://www.georgiaencyclopedia.org/articles/history-archaeology/cherokee-indians/.

estadounidenses [blancos] derivados de la soberanía Cheroqui»[57].

Pero a pesar de todo lo que sufrieron los cheroquis durante un periodo de veinte años, fueron capaces de reconstruir su nación tras llegar a Arkansas y Oklahoma. En el invierno de 1838, John Ross y su esposa, Elizabeth o «Quatie», que por entonces estaba gravemente enferma, se dirigieron hacia el oeste. Ella murió en el *Victoria*, un barco de vapor que Ross había comprado para parte del viaje, justo antes de llegar a Little Rock. Fue enterrada en el cementerio de Little Rock. Ross llegó en los primeros meses de 1839 y comenzó la unificación de los cheroquis occidentales y orientales. En septiembre ya habían ratificado una constitución, construido un juzgado y establecido periódicos, escuelas y negocios. Cuando estalló la guerra de Secesión, las cosas cambiaron drásticamente para todo el país, y la Nación Cheroqui no fue una excepción.

---

[57] Casebeer, Kenneth M. "Subaltern Voices in the Trail of Tears: Cognition and Resistance of the Cherokee Nation to Removal in Building American Empire". *University of Miami School of Law.* https://repository.law.miami.edu/umrsjlr/vol4/iss1/2/.

Capítulo 9: Legado histórico

Aunque todas las decisiones clave que condujeron al Sendero de Lágrimas y sus resultados podrían llenar varios libros, hay algunas que tuvieron un impacto duradero en el paisaje estadounidense, que en aquella época se expandía rápidamente hacia el oeste.

Podemos empezar por los colonos españoles que se asentaron en el territorio de la actual Florida en el siglo XVI y cómo estos exploradores se enfrentaron a los seminolas que ocupaban el territorio. Ponce de León fue asesinado cuando regresó a Florida en 1521 para buscar la mítica Fuente de la Juventud, pero le siguió Hernando de Soto, que murió de una de las enfermedades que trajeron los colonos[58].

Se dice que la viruela, el sarampión, la malaria y la fiebre amarilla mataron a más del 90% de los nativos americanos de Norteamérica, y esta fue, en cierto modo, una de las causas del Sendero de Lágrimas. Las enfermedades acabaron con asentamientos y tribus enteras, lo que hizo que los grupos se juntaran o lucharan entre sí por más territorio. Ponerse del lado de los colonos acabó siendo esencial en algunos casos porque los nativos americanos no tenían el número suficiente para lograr una victoria decisiva por sí solos. Y con su disminución numérica, a los colonos blancos les resultaba cada vez más fácil dictar las decisiones, ya que eran mayoría.

España cedió finalmente Florida a EE. UU. tras la firma del Tratado Adams-Onís de 1819. Para entonces, Andrew Jackson ya había hecho

---

[58] "Collision of Worlds". https://www.semtribe.com/stof/history/CollisionofWorlds.

incursiones en el territorio para impedir que los seminolas asaltaran a los colonos de fuera de Florida. A Jackson se le dijo que invadiera Florida para perseguir a los nativos americanos, pero que dejara en paz a los fuertes españoles. La razón principal de los ataques seminolas en la frontera entre Florida y Georgia era la represalia por la entrada de la milicia sureña en su territorio para capturar esclavos fugitivos. Los seminolas también querían impedir que los colonos robaran tierras y ganado.

Los estados del sur, en particular Georgia, presionaron al gobierno estadounidense, instándolo a someter a los seminolas. Fue entonces cuando Jackson entró en escena. El Tratado de Payne's Landing de 1832 instaba a los seminolas a trasladarse al oeste si encontraban buenas tierras, pero los exploradores no pudieron hallar territorio habitable. El tratado se firmó, pero muchos jefes fueron intimidados para que lo hicieran, por lo que siguieron resistiéndose al traslado. Tras el Tratado Adams-Onís, Estados Unidos, que tenía el control total de Florida, utilizó la idea del destino manifiesto para reubicar a los seminolas. Finalmente, se tomó la decisión de expulsar a todos los seminolas de Florida, allanando otro camino más en el Sendero de Lágrimas.

En 1820, el general Andrew Jackson y Thomas Hinds supervisaron el Tratado de Doak's Stand, en el que los choctaw de Misisipi aceptaron ceder un tercio de sus tierras a cambio de un millón de acres en el oeste. Comenzó la destitución de los choctaw y se alcanzó el punto de no retorno para las tribus nativas americanas, que estaban perdiendo la lucha contra el gobierno estadounidense. Antes de esto, una cuarta parte de la Nación Cheroqui había aceptado voluntariamente trasladarse al territorio de Arkansas, asentándose entre los ríos Arkansas y White. Esto intensificó su lucha con los osage, una lucha que se venía librando desde la década de 1760, cuando los cheroquis occidentales empezaron a trasladarse al territorio osage.

En 1817, los cheroquis occidentales llevaron a cabo un ataque de venganza contra sus enemigos tradicionales, los osage, masacrando la aldea de Pasuga en Claremore Mound, en el actual condado de Rogers, Oklahoma. Los osage se indignaron aún más cuando se vieron obligados a ceder más territorio en virtud del Tratado de Fort Gibson en 1825, y su lucha histórica con los cheroqui comenzó una vez más tras la aprobación de la Ley de Traslado Forzoso de los Indios en 1830, cuando los cheroqui orientales se vieron obligados a trasladarse al oeste.

Otra decisión clave que condujo al Sendero de Lágrimas y que a menudo se pasa por alto fue la Compra de Luisiana en 1803. Thomas Jefferson llegó a un acuerdo con Francia por el que Estados Unidos compró más de 800.000 millas cuadradas de tierra al oeste del Misisipi por quince millones de dólares. Tras la compra, en 1803 comenzó el proceso gradual de expulsión de los nativos americanos de Luisiana, que duró hasta 1840. La idea de Jefferson era que los nativos americanos de Luisiana, incluidos los choctaw y los natchez, se asimilaran a la cultura europea. Si se resistían, debían ser expulsados. Pero no fue así, ya que la mayoría fueron expulsados de Luisiana mediante tratados.

Las sentencias del Tribunal Supremo en los casos *Nación Cheroqui contra Georgia* y *Worchester contra Georgia* dieron lugar a importantes decisiones relacionadas con la cuestión del federalismo. La cuestión es complicada, pero esencialmente, el federalismo o descentralización es la división de poderes entre el gobierno federal y los gobiernos estatales, con la Constitución como árbitro.

Para recapitular rápidamente los casos, el Tribunal Supremo desestimó el primer caso presentado por la Nación Cheroqui, alegando que carecía de fundamento porque los cheroquis no estaban legitimados para reclamar la soberanía al no ser una nación extranjera. En la segunda sentencia (*Worchester contra Georgia*), el Tribunal Supremo dijo que, dado que la Nación Cheroqui tenía un gobierno, sí tenía soberanía. Esta decisión enfureció al estado de Georgia, que hizo caso omiso de la decisión y siguió desplazando a los nativos americanos, sin que el presidente, Andrew Jackson, hiciera nada por aplicar la sentencia del Tribunal Supremo.

Estas decisiones hicieron que el tema de la esclavitud se agudizara y se multiplicaran los llamamientos a abolirla. Andrew Jackson era partidario de la esclavitud (él mismo tenía esclavos, al igual que los cheroqui y otros nativos americanos) y, por tanto, se oponía al movimiento abolicionista. El presidente Jackson contaba con un amplio apoyo entre los demócratas del norte y del sur que apoyaban la esclavitud durante su etapa como presidente, pero la calma que siguió al Compromiso de Missouri (1820) se estaba convirtiendo ahora en una tormenta sobre la esclavitud, provocada sobre todo por los agitadores del norte que difundían propaganda por el sur[59].

---

[60] Henig, Gerald S. "The Jacksonian Attitude Toward Abolitionism in the 1830s". *Tennessee Historical*

El fuego se avivó de nuevo cuando México liberó a sus esclavos en 1829, asustando a los esclavistas de Texas, que entonces aún formaba parte de México, y por la publicación del *Liberator* de William Lloyd Garrison, un abolicionista del norte, en 1831. En otoño de ese año se produjo la rebelión de Nat Turner en Virginia. Sesenta ciudadanos blancos fueron masacrados, lo que incitó las tensiones entre los esclavistas y defensores de la institución y los que deseaban desmantelarla o disminuir su influencia, especialmente en los estados de reciente creación. El debate sobre la esclavitud desembocó en discusiones sobre los derechos de los estados y la posible disolución de la Unión. Jackson, propietario de esclavos y defensor de los derechos de los estados, contaba entonces con el apoyo de su vicepresidente, Martin Van Buren. Más tarde, para mantener el apoyo de los sureños, Van Buren declaró en su discurso inaugural de 1837 que «la esclavitud debe dejarse al control de los propios estados esclavistas, sin molestias ni interferencias de ninguna parte».

Incluso el famoso escritor estadounidense James Fenimore Cooper, autor de *El último mohicano*, apoyó al presidente Jackson en su creencia de que los estados debían regular sus propios asuntos, afirmando que «el Congreso no tenía poder para interferir en la esclavitud y que esta correspondía enteramente a los diferentes estados»[60].

Así pues, podemos ver cómo los acontecimientos de principios del siglo XIX, los tratados con los nativos americanos, las batallas judiciales por los derechos de los nativos americanos y el desplazamiento de las tribus a Oklahoma llegaron a desempeñar un papel en el futuro de Estados Unidos. Los derechos de los estados y el poder del Congreso y del poder ejecutivo para controlar a los estados en ciertas cuestiones fueron debates que se mantuvieron durante el traslado de los nativos americanos. La gente empezó a ver que los estados tenían más derechos, y cuando esa idea empezó a ser vulnerada por EE. UU. en lo referente a la esclavitud, hubo mucha gente que no quedó contenta.

En cuanto al auge del movimiento contra la expulsión, Mary Hershberger nos cuenta en su artículo académico titulado «Mobilizing Women, Anticipating Abolition: The Struggle Against Indian Removal in the 1830s» (La movilización de las mujeres y la anticipación de la abolición: La lucha contra la expulsión de los indios en la década de

Quarterly, vol. 28, n.º 1, 1969, pp. 42-56. *JSTOR*, http://www.jstor.org/stable/42623057.
60 Ibid.

1830), que mujeres de todo el país firmaron peticiones en defensa de los derechos de los nativos americanos, alegando que no solo estaban protegidos por tratados firmados con anterioridad, sino que además se habían convertido en agricultores y comerciantes de éxito. Las dos primeras mujeres destacadas que se opusieron a la Ley de Traslado Forzoso de Indios fueron Catharine Beecher y su hermana Harriet Ward Stowe (la futura autora de *La cabaña del tío Tom*), que lanzaron una campaña de peticiones en la que muchos estadounidenses protestaron contra la Ley de Traslado Forzoso de Indios[61].

Hershberger afirma que el presidente Van Buren se quedó atónito ante el poder de las fuerzas contrarias a la expulsión. El clamor y la oleada de peticiones lo exasperaron, pero estaba decidido a llevar a cabo la política de expulsión de Jackson porque este había dicho previamente que «ningún otro tema era de mayor importancia que este». Hershberger argumenta que «el corazón de la política de tierras indias siempre había sido nada menos que la cesión de tierras a los mercados blancos, y los tratados eran el arma preferida», ignorando la posibilidad de una guerra civil si Jackson o Van Buren hubieran utilizado la fuerza militar para expulsar a los ocupantes ilegales blancos de las tierras de los nativos americanos[62].

Como hemos señalado antes, Jackson estaba siendo machacado por todas partes, y Hershberger expone en su crítica el dilema en el que se encontraba Jackson al exponer las dos razones que ofreció para la expulsión. En primer lugar, "tener una nación india independiente residiendo dentro de las fronteras de cualquier estado era una situación intolerable"[63]. Y, en segundo lugar, «que, para su supervivencia, los indios del sudeste tenían que trasladarse al otro lado del Misisipi, lejos de la invasión blanca». La cuestión de la sinceridad de Jackson es comparable a preguntarse por qué Winston Churchill, anticomunista acérrimo, abrazó de repente a Joseph Stalin en la Segunda Guerra Mundial.

Como hemos dicho antes, en el discurso inaugural de Jackson, se oponía a la expulsión de los nativos americanos, pero empezó a abrazar la idea en su primer año de mandato. ¿Eran estos sus pensamientos de sus

---

[61] Hershberger, Mary. "Mobilizing Women, Anticipating Abolition: The Struggle against Indian Removal in the 1830s". *The Journal of American History*, vol. 86, n.º 1, 1999, pp. 15-40. JSTOR, https://www.jstor.org/stable/2567405. Consultado el 7 de octubre de 2022.
[62] Ibid.
[60] Ibid.

primeros días como luchador contra los nativos americanos? Es imposible saberlo, pero el hecho es que impulsó la Ley de Traslado Forzoso de Indios de 1830 a pesar de las objeciones de las organizaciones religiosas y de los puestos misioneros de todo el país.

Las asociaciones voluntarias de mujeres se aliaron con las instituciones religiosas y sus misioneros. Se envió una avalancha de peticiones al Congreso. Como nos cuenta Hershberger, el movimiento contra la expulsión se fusionó con el movimiento abolicionista, ya que muchos activistas se dieron cuenta de que expulsar a los nativos americanos sería como expulsar a los negros a África. Así, el movimiento de colonización se convirtió en el movimiento abolicionista, y las organizaciones auxiliares de mujeres, junto con los misioneros, emprendieron la lucha contra la Ley de Traslado Forzoso de Indios de Jackson y Van Buren.

Hershberger nos cuenta que las mujeres que no tenían ninguna posición adoptaron un sentimiento de «maternidad republicana», utilizando peticiones en defensa de las pensiones de viudedad, el empleo para los necesitados y lo que consideraban el acto inhumano de la expulsión de los nativos americanos. Se convirtieron, en efecto, en «las guardianes morales de la virtud de la nación», y una de sus prioridades fue la creación de escuelas para nativos americanos en el noreste y el sur. Para ello, financiaron organizaciones religiosas y misioneros que establecieron escuelas. La Sociedad Misionera Femenina de Utica otorgó uno de los primeros encargos misioneros a Charles Finney en 1824[64].

Los periódicos confesionales contrarrestaban los argumentos de los críticos que decían que los nativos americanos se enfrentaban a la «extinción» señalando las numerosas escuelas y maestros cheroquis, su comercio y su agricultura generalizada. Los periódicos argumentaban además que la vergüenza de la nación podía verse en las numerosas masacres cometidas por ciudadanos blancos, y varios de ellos señalaban la matanza de más de noventa moravos en 1782 en el pueblo de Gnadenhutten, en Ohio, a manos de una turba de blancos. Todos los duros actos cometidos contra los nativos americanos se publicaban en estos periódicos de ámbito nacional, y la elección de Jackson provocó un aumento de las protestas y una efusión de simpatía hacia los nativos americanos en estas publicaciones.

---

[64] Ibid.

En 1829, la Junta Americana de Comisionados para las Misiones Extranjeras, dirigida por Jeremiah Evarts, publicó los «Ensayos de William Penn» en el *National Intelligencer*, en los que se describían los tratados entre los nativos americanos y el gobierno de Estados Unidos y se afirmaba que los nativos americanos poseían legalmente sus tierras.

Estos ensayos se publicaron en todo el país, incluso en el *Cheroqui Phoenix*. *The Journal of Commerce* y el *Christian Watchman* expresaron sentimientos de alegría, afirmando que toda la nación debería «darse cuenta del sentimiento que se ha despertado en la comunidad acerca de los derechos de los aborígenes de este país». La investigación de Hershberger nos dice que los «Ensayos de William Penn» fueron más populares que el *Common Sense* de Thomas Paine y condujeron a los dos famosos casos del Tribunal Supremo de la *Nación Cheroqui contra Georgia* y *Worcester contra Georgia*, así como al auge del movimiento feminista que vinculó el movimiento en contra de la expulsión con el movimiento abolicionista en desarrollo. Pero a pesar de estos esfuerzos, se aprobó la Ley de Traslado Forzoso de Indios y Georgia ignoró la sentencia del Tribunal Supremo a favor de la soberanía de los nativos americanos, con el presidente Jackson haciendo la vista gorda[65].

Más tarde, en 1837, la Ley Mordaza de Pinckney, aprobada por el Congreso, tenía por objeto poner sobre la mesa las peticiones antiesclavistas y declaraba que el Congreso no tenía derecho a interferir en la esclavitud. Hershberger nos cuenta que Catharine Beecher, que hizo todo lo posible por permanecer en el anonimato durante la campaña, sufrió una crisis nerviosa por el estrés que suponían las peticiones y finalmente abandonó la lucha. Se dedicó a la política convencional.

Así, los acontecimientos que ocurrieron antes y durante las presidencias de Jackson y Van Buren condujeron a la práctica desaparición del movimiento de vuelta a África (movimiento colonialista), que evolucionó hacia la crisis de la anulación de 1832 y el movimiento abolicionista, que como afirma Henig, «fue uno de los principales ingredientes que impulsaron la transición de Carolina del Sur del nacionalismo extremo en 1816 al separatismo extremo en 1836»[66]. Por lo tanto, podemos ver cómo los acontecimientos que se produjeron en la historia entre 1830 y 1850 desembocaron en una sangrienta guerra civil

---

[65] Ibid.
[66] Henig, Gerald S. "The Jacksonian Attitude Toward Abolitionism in the 1830s". *Tennessee Historical Quarterly*, vol. 28, n.º. 1, 1969, pp. 42-56. *JSTOR*, http://www.jstor.org/stable/42623057.

por las cuestiones de los aranceles impuestos al algodón (derechos de los estados) y el movimiento antiesclavista (que surgió del movimiento contra la expulsión).

Y con la guerra de Secesión, la historia fue testigo de la victoria del Norte, que puso fin a la Confederación y propició la abolición de las personas esclavizadas. Nadie puede discutir que la guerra de Secesión no alteró el curso de la historia estadounidense, ya que trajo consigo las enmiendas Decimotercera, Decimocuarta y Decimoquinta a la Constitución de Estados Unidos.

De este modo, podemos ver cómo los acontecimientos ocurridos hace unos cientos de años configuraron el panorama jurídico, social, económico y político de Estados Unidos, que acabaría convirtiéndose en una potencia económica mundial. Como se ha señalado antes, a los nativos americanos no les fue demasiado bien en su búsqueda de la soberanía, ya que sus batallas legales se vieron obstaculizadas en todo momento, mientras que los esclavos no fueron plenamente liberados hasta el final de la guerra de Secesión. Ambos grupos tuvieron que seguir luchando por sus derechos después de que cesara el derramamiento de sangre.

Capítulo 10: Figuras legendarias

Muchas figuras importantes aparecieron durante nuestro viaje a través de esta época de la historia estadounidense, pero en nuestra visión, unas pocas destacan.

El «loco» Anthony Wayne

Cuando leemos sobre George Washington y su lucha contra las políticas de los nativos americanos, los historiadores nos cuentan que a menudo enviaba al general «loco» Anthony Wayne para sofocar los disturbios. El loco Anthony, cuyo protagonismo destaca por su actuación en la guerra de la Independencia, luchó junto al general Washington y el marqués de Lafayette. El general Wayne obtuvo su apodo cuando uno de sus espías fue detenido por alteración del orden público en un pequeño pueblo. El general ordenó que el muchacho recibiera veintinueve latigazos y, a partir de entonces, los hombres llamaron al general «loco Anthony»[67].

Cuando fue llamado por Washington para poner fin a las guerras indias del noroeste, Wayne se tomó un año para entrenar a sus tropas, a las que llamó la Legión de los Estados Unidos, y marchó hasta el oeste de Ohio para derrotar a Chaqueta Azul, el jefe de guerra shawnee, en la batalla de los árboles caídos en 1794. A continuación, negoció el Tratado de Greenville (1795), que puso fin a todas las reclamaciones tribales sobre Ohio y las zonas circundantes.

---

[67] Hickman, Kennedy. "American Revolution: Major General Anthony Wayne". ThoughtCo, 28 de agosto de 2020, https://thoughtco.com/major-general-anthony-wayne-2360619.

El presidente Washington creía que los nativos americanos podían ser civilizados, pero que, si eso no era posible, sería necesario el derramamiento de sangre. El siguiente presidente, John Adams, pensaba que el traslado de los nativos americanos debía ser voluntario, pero con el tiempo apoyó treinta tratados que exigían a los nativos americanos renunciar a los títulos de propiedad de sus tierras.

Thomas Jefferson

Si pasamos a la forma de pensar del tercer presidente, Thomas Jefferson, podemos comprender mejor lo que configuró su pensamiento sobre el «problema» de los nativos americanos.

En el ensayo de Andrea Petrini, «La Ilustración de Thomas Jefferson», se nos dice que Jefferson fue educado en la filosofía de la Ilustración europea, lo que significaba que creía que «las leyes de la sociedad humana y del mundo físico [podían] discernirse a través del método científico». Citando al erudito estadounidense Joseph Blau, escribió que Jefferson creía que «los ojos abiertos y una mente activa —la Ilustración— estaban al alcance de todo hombre y eran las garantías de una buena vida». Más tarde Jefferson aplicó estos pensamientos a la Revolución estadounidense, creyendo que los estadounidenses debían ser libres de los caprichos del rey de Inglaterra y poder expresar sus derechos naturales en una «sociedad verdaderamente democrática»[68].

Después de la Revolución estadounidense, Jefferson comenzó a aplicar teóricamente estos pensamientos a los nativos americanos, creyendo que podían llegar a ser civilizados si solo accedían a cambiar sus costumbres, pasando de hecho a formar parte de la sociedad europeo-estadounidense. A diferencia de Alexander Hamilton, Benjamín Franklin y otros antes que él, Jefferson nunca llegó a creer que los negros pudieran ser «iguales a los blancos», pero era ambivalente en su pensamiento respecto a los nativos americanos, a los que consideraba más elevados en la escala de razas que los afroamericanos. Incluso aprobó los matrimonios de sus hijas con hombres que decían ser parientes lejanos de Pocahontas. Aunque Jefferson nunca permitió que los nativos americanos se elevaran al nivel del hombre blanco, empezó a creer que podían ser educados, especialmente cuando los arqueólogos de Ohio empezaron a descubrir montículos de nativos americanos y otros diseños con cuadrados y

---

[68] Petrini, Andrea R. "The Enlightenment of Thomas Jefferson".
https://elonuniversity.contentdm.oclc.org/digital/collection/p15446coll2/id/11/.

círculos, ya que Jefferson tuvo una fascinación de toda la vida por la geometría[69].

Otra prueba de su respeto por los nativos americanos se encuentra en su libro *Notas del Estado de Virginia*, donde lamenta el asesinato de la familia del jefe mingo Logan a manos de colonos blancos[70]. Jefferson admiraba el discurso de Logan a lord Dunmore en el que decía que nunca se rendiría y «citaba la elocuencia de Logan como prueba de la sofisticación verbal de un pueblo sin letras»[71]. Y aunque Jefferson hablaba de los nativos americanos a la manera de «niños notables» y nunca tuvo un amigo nativo americano, seguía creyendo, no obstante, que tenían un nivel «intermedio por encima de la raza de los negros», aunque seguían siendo «en razón muy inferiores a los blancos» e incapaces «de trazar y comprender las investigaciones de Euclides»[72].

Al estudiar las ideas de Thomas Jefferson sobre la cuestión del traslado de los nativos americanos, en la que solo participó teóricamente, obtenemos otra visión de lo que ocurría en las décadas anteriores a la Ley de Traslado Forzoso de Indios de 1830. El «programa de civilización» de Jefferson se basaba en la firma de tratados mediante los cuales esperaba que los nativos americanos vendieran sus tierras para dejar sitio a los colonos blancos, con la esperanza de que los tratados los convirtieran en leales a Estados Unidos y no a Francia o Gran Bretaña.

La esperanza de Jefferson era que los nativos americanos vendieran sus tierras, liberando sus cotos de caza en los que los colonos blancos podrían construir sus hogares. Sin sus tierras, se endeudarían aún más, lo que los obligaría a vender más tierras. En una carta algo contradictoria dirigida a William Henry Harrison en relación con la Compra de Luisiana, Jefferson animaba a vender bienes a los nativos mediante un plan de crédito, con la esperanza de satisfacer a los colonos blancos y estimular al mismo tiempo la ilustración de los nativos americanos. Se desconoce en qué sería útil endeudarlos; parece una dudosa forma de engaño que también estaba implícita en muchos de los tratados.

Aun así, Jefferson esperaba que los nativos americanos «iluminados»

---

[69] Kennedy, Roger. "Jefferson and the Indians". *The University of Chicago Press, Vol. 27, nº 2/3.* (1992). https://www.jstor.org/stable/1181368.

[70] Jefferson, Thomas. Notes on the State of Virginia. University of North Carolina, 1982 (publicado originalmente en 1785). https://www.jstor.org/stable/10.5149/9780807899809_jefferson.

[71] Kennedy, Roger. "Jefferson and the Indians".

[72] Ibid.

pudieran convertirse en pacíficos agricultores que se asimilaran a la sociedad blanca. Pero, una vez más, recordamos el abrumador número de emigrantes blancos procedentes de Europa y el frenético empuje hacia el oeste que acabó por desbordar el «programa de civilización» de Jefferson y la supuesta «iluminación» de las tribus nativas americanas. Estos problemas no harían sino agravarse, desconcertando y atormentando al presidente William Henry Harrison y a quienes lo siguieron.

Elias Boudinot

Elias Boudinot
https://commons.wikimedia.org/wiki/File:Elias_Boudinot_(1802%E2%80%931839).jpg

Elias Boudinot fue un cheroqui nacido en Oothcaloga, Nación Cheroqui, en Calhoun, Georgia, en 1802. Su nombre de nacimiento era Gallegina Watie, pero era conocido como Buck Watie antes de cambiar su nombre. Después de completar sus estudios en una escuela local de misioneros moravos, Boudinot fue enviado a Cornwall, Connecticut, para observar una reunión de la Junta Americana de Comisionados para Misiones Extranjeras, donde el objetivo era formar misioneros para difundir el cristianismo y la cultura europea entre los jóvenes nativos americanos.

En 1820, se había convertido al cristianismo tras inspirarse en su encuentro con un congresista de Nueva Jersey llamado Elias Boudinot, que también era presidente de la Sociedad Bíblica Americana. El joven nativo americano quedó tan impresionado por Elias Boudinot que adoptó su nombre. En 1824, el joven Boudinot ayudó a traducir el Nuevo Testamento al cheroqui utilizando el sistema de símbolos desarrollado por un erudito llamado Sequoyah, un cheroqui erudito que estudió durante doce años y finalmente desarrolló la lengua cheroqui en 1821.

Aunque Boudinot vivió en una época de prejuicios raciales, se casó con una mujer blanca, tras lo cual fueron quemados en efigie. Se vieron obligados a regresar a Nueva Echota.

En 1828, Boudinot publicó el primer periódico nativo americano, el *Cheroqui Phoenix*, que utilizaba el silabario de la lengua cheroqui desarrollado por Sequoyah. Escribió muchos artículos en contra de la expulsión de los nativos americanos. Escribía a favor de la aculturación, lo que tiene sentido dada su conversión al cristianismo y su escolarización.

Con la Ley de Traslado Forzoso de Indios de 1830, Boudinot cambió sus opiniones sobre la aculturación y empezó a escribir a favor del traslado de los nativos americanos, llegando incluso a atacar al jefe cheroqui John Ross, que se oponía al traslado de los cheroquis. Las opiniones de Boudinot lo llevaron a entrar en conflicto con la mayoría de la tribu, ya que muchos se resistían a la idea de trasladarse al oeste del río Misisipi. Boudinot creía que el traslado era inevitable. Tenía claro que Jackson no daría marcha atrás, por lo que sería mejor para los cheroquis conseguir las mejores condiciones para ellos.

En 1835, Boudinot y otros firmaron el Tratado de Nueva Echota, que establecía que todos los cheroquis se trasladarían a Oklahoma. Como hemos comentado anteriormente, este tratado no se firmó con la aprobación del jefe John Ross. De hecho, la mayoría de los cheroquis no estaban de acuerdo con el tratado.

Antes de que Boudinot pudiera trasladarse al oeste, fue apuñalado hasta la muerte frente a su casa. No fue el único en ser atacado. Su primo, John Ridge, y su tío, Major Ridge, fueron vistos como traidores a la Nación Cheroqui. Todos fueron asesinados el mismo día; se desconoce quién autorizó los asesinatos. El hermano menor de Boudinot, Stand Watie, también fue atacado, pero sobrevivió. Creyó que John Ross estaba detrás, pero Ross afirmó no tener nada que ver. Stand Watie llegó a ser general confederado. En 1959, Boudinot ingresó en el Salón de la Fama de los Periódicos de Georgia.

Jefe John Ross

Una fotografía del Jefe John Ross
https://commons.wikimedia.org/wiki/File;John_Ross_of_the_Cherokee.jpg

John Ross, jefe principal de la tribu cheroqui de 1828 a 1866, condujo a los cheroquis, los ayudó en sus batallas legales contra las autoridades y los guio hacia el oeste, hasta Oklahoma[73]. Nacido de madre cheroqui y posiblemente de padre escocés, Ross conoció la cultura cheroqui gracias a su abuela y a su madre. Más tarde luchó con el ejército estadounidense contra los Palo Rojos (una facción de los creeks) tras la masacre de Fort Mims, Alabama.

En los años siguientes, Ross ayudó a los cheroquis a formar un consejo, viajó a Washington para argumentar en contra de la persecución y expulsión de los cheroquis y ayudó a construir una nueva capital cheroqui llamada Nueva Echota, en el condado de Gordon, al noroeste de Georgia.

En 1828, Ross fue elegido jefe principal de los cheroquis. Más tarde ayudó al intendente Sidney Jesup a negociar con los seminolas en Florida

---

[73] Watts, Jennifer. "John Ross: Principal Chief of the Cherokee People".
https://tnmuseum.org/junior-curators/posts/john-ross-principal-chief-of-the-cherokee-people?locale=en_us.

y posteriormente se opuso al Tratado de Nueva Echota en 1835.

Tras perder la batalla para anular el tratado, los cheroquis restantes iniciaron el largo viaje a Oklahoma en 1838 bajo la dirección del general Winfield Scott. Cuando llegaron a Oklahoma, John Ross colaboró en la construcción de una nueva capital llamada Tahlequah, junto con muchos edificios públicos y escuelas.

Osceola

Osceola

Osceola fue un líder seminola nacido en Georgia en 1804. Luchó en la segunda guerra Seminola en 1835, cuando el general Andrew Jackson fue enviado para capturar a las tribus y expulsarlas por la fuerza de Florida hacia el oeste. Se opuso al Tratado de Payne's Landing (1832), ya que no estaba de acuerdo con los miembros de la tribu que querían emigrar de Florida. En su ira, asesinó al jefe Charley Emathla, que había aceptado el tratado, y al agente indio estadounidense Wiley Thompson. Osceola estaba disgustado con el trato que le daba Thompson. Este, por su parte, arrestó a Osceola por desagradable y, para conseguir su liberación, Osceola tuvo que firmar el Tratado de Payne's Landing.

Durante los años siguientes, Osceola y sus guerreros se adentraron cada vez más en los pantanos, eludiendo a las tropas estadounidenses y utilizando tácticas de guerrilla y ataques por sorpresa para asestar golpes decisivos a los soldados norteamericanos. Finalmente, en 1837, él y sus seguidores fueron convocados bajo bandera de tregua a Fort Peyton, cerca de San Agustín, para reunirse con el general Sidney Jesup. Sin embargo, era una trampa. Osceola fue capturado, aunque la mayoría de los demás pudieron escapar a los pantanos.

John Horse

John Horse fue un subjefe seminola. Era un seminola afroamericano de ascendencia española. Para muchos, John Horse era un guerrero valiente. Anteriormente había servido como oficial en el ejército mexicano, donde defendió los asentamientos de negros libres, y más tarde luchó con Osceola contra el ejército estadounidense en Florida. Luchó en la segunda guerra Seminola y colaboró estrechamente con Coacoochee.

Coacoochee

Coacoochee, también conocido como Gato Salvaje (Wild Cat), fue otro importante jefe seminola. Además de luchar en la segunda guerra Seminola, era respetado como seminola de alto rango y por ello ocupó muchos cargos en la comunidad seminola antes y después de la guerra.

Tras años escondiéndose en los pantanos y llevando a cabo ataques de guerrilla contra los soldados estadounidenses, se reunió con William Tecumseh Sherman cerca de Fort Pierce en 1841. Para entonces, Osceola había muerto y el padre de Coacoochee también había fallecido mientras viajaba hacia el oeste. Coacoochee aceptó ser llevado a Fort Gibson en Oklahoma.

Sin embargo, Coacoochee no estaba contento con la vida en la reserva. Se marchó en 1849 y se reunió con John Horse. Ambos pasaron los años siguientes con una tribu kickapoo y defendieron la frontera mexicana de los nativos americanos hostiles. Mientras actuaba como supuesto pacificador entre varias tribus, viajó entre México y Texas mientras intentaba en secreto construir una confederación de nativos americanos. En 1857 murió en una epidemia de viruela en México.

Micanopy

Micanopy fue otro jefe seminola que luchó junto a Osceola, Holata Micco (Billy Bowlegs) y Coacoochee (Gato Salvaje), conocido como Gato del Monte por los mexicanos.

Micanopy nació alrededor de 1780 cerca de San Agustín, Florida, y era conocido como el «Jefe de Jefes», aunque no se convertiría en jefe principal hasta que tuvo casi cuarenta años.

Como otros seminolas de alto rango, empleaba a antiguos esclavos para cuidar sus tierras. Se cree que Micanopy llegó a emplear a más de cien esclavos fugitivos. Y como otros seminolas, Micanopy no veía a los negros como inferiores. Incluso fomentó los matrimonios mixtos entre seminolas y afroamericanos.

Micanopy apoyó a Osceola en su rechazo al Tratado de Payne's Landing y lideró a los guerreros que aniquilaron al general Francis Dade y sus tropas cuando lo persiguieron hasta los pantanos. La masacre de Dade dio inicio a la segunda guerra Seminola.

En 1837, se creía que Micanopy se reunía con el general Thomas Jesup bajo bandera de tregua, pero Jesup lo traicionó y capturó, junto con Osceola. Fue encarcelado en Charleston, Carolina del Sur, y murió poco después de ser deportado al Territorio Indio. Murió en Fort Gibson en 1849.

Jefe seminola John Jumper (Heneha Mekko)

Una fotografía de John Jumper
https://commons.wikimedia.org/wiki/File;John_Jumper.jpg

John Jumper era sobrino de Micanopy. Era ministro baptista y se convirtió en jefe seminola en 1849. Como los seminolas tenían un sistema de parentesco matrilineal, tras la muerte de Micanopy, el cargo de jefe pasó a los hijos de su hermana, primero James (Jim) Jumper y luego John. Antes de que esto ocurriera, John Jumper luchó en la segunda guerra Seminola, liderando a doscientos guerreros contra los más de cien soldados dirigidos por el mayor del ejército estadounidense Francis Dade, que fue enviado a los pantanos para capturar a los seminolas. Las tropas de Dade cayeron en la trampa tendida por Jumper. Dade y sus hombres se encontraban a cuarenta millas de su destino previsto, Fort King. La mayoría cayó en la batalla.

El historiador Frank Laumer dice que los seminolas «cometieron un terrible error al atacar al ejército estadounidense a plena luz del día». Dice además que «fue una afrenta que simplemente no podía nacer según el sistema de honor de la época». Este insulto al ejército estadounidense les hizo estar más decididos a capturar a los seminolas restantes. Laumer cree que, si esta matanza no hubiera tenido lugar, los seminolas podrían haber permanecido en sus tierras de Florida, ya que era un lugar que nadie quería. Escribe sobre Florida diciendo que era «un lugar pestilente, lleno de caimanes e indios. La gente lo calificaba como el lugar más miserable que jamás habían visto»[74].

John Jumper fue finalmente capturado. Fue enviado a Territorio Indio, pero más tarde regresó a Florida para convencer a los seminolas que quedaban de que se trasladaran a Oklahoma. Sin embargo, no tuvo éxito, ya que los seminolas restantes se adentraron más en los Everglades.

En 1861, John Jumper estableció una alianza entre los seminolas y los Estados Confederados de América. Recibió el rango de mayor y, más tarde, de teniente coronel. Tras la guerra, se convirtió en ministro baptista. Murió en su casa cerca de Wewoka, Oklahoma, en 1896.

Abraham

Abraham era un esclavo nacido a finales del siglo XVIII en Georgia o Florida, y trabajaba para un médico llamado Doctor Sierra en el norte de Florida. Su oportunidad de libertad surgió cuando un oficial británico prometió la libertad a los esclavos que se ofrecieran voluntarios para luchar con los británicos en la guerra de 1812 contra los estadounidenses.

---

[74] Warren, Michael. "Dade's Massacre Reenacts Start of Second Seminole War". https://floridatraveler.com/dades-massacre-recalls-seminole-history/.

En 1814, Abraham trabajaba en la construcción de un fuerte en Prospect Bluff, un fuerte británico que pronto se convertiría en lugar de refugio para los esclavos fugitivos de las Carolinas y Georgia. Habiendo pasado su vida en las tierras salvajes de Florida, Abraham se había aculturado con el pueblo seminola y encontró una causa común en su lucha por la libertad contra el gobierno estadounidense.

Abraham se convirtió rápidamente en un líder, y se adaptó con rapidez a las costumbres y el idioma de los seminolas. En poco tiempo se lo consideró un guerrero, y lo llamaron «Guerrero de Suwanee» por su defensa del pueblo del mismo nombre.

Ya en 1813, fundó el pueblo seminola negro de Pilaklikaha, también conocido como Abraham's Town, donde fue aceptado como miembro de la nación seminola. Antes de la primera guerra Seminola (1817-1818), Abraham vivía en Fort Prospect, también conocido como Negro Fort, en el río Apalachicola con trescientos esclavos fugitivos y Palo Rojos que habían huido al sur de los avances del general Andrew Jackson. Cuando los plantadores sureños consideraron una amenaza los asentamientos seminolas a lo largo del río Apalachicola, Jackson ordenó destruir el fuerte. Los supervivientes, entre los que se encontraba Abraham, escaparon al puesto británico de Prospect Bluff.

En 1815, el mayor irlandés Edward Nicholls, que estaba al mando, se marchó a Inglaterra, dejando a los guerreros de Palo Rojo supervivientes y a los esclavos fugados con la mayor parte de la munición y la artillería. Un negro llamado Garcon (algunos dicen que era un jefe) comandaba el fuerte junto con un jefe choctaw sin nombre. Invitaron a los esclavos fugitivos a instalarse en el fuerte, que les ofrecía protección. Pronto, su asentamiento se extendió cincuenta millas. Al general Andrew Jackson le preocupaba que el fuerte siguiera creciendo, lo que haría casi imposible derribarlo.

En julio de 1816, las fuerzas de Jackson y los creeks cazadores de esclavos navegaron hacia el fuerte. El 27 de julio, un proyectil de cañonera cayó en el depósito de municiones del fuerte y prendió fuego al polvorín, provocando una explosión. Murieron más de trescientas personas y casi todas las que se encontraban en el fuerte resultaron heridas. Es importante señalar que no todos los que estaban dentro del fuerte eran soldados. También murieron mujeres y niños.

Los supervivientes, entre los que se encontraba Abraham, escaparon. Los creeks capturaron a Garcon y lo fusilaron. Le arrancaron la cabellera al jefe choctaw y lo apuñalaron hasta matarlo. Los esclavos supervivientes que no pudieron escapar fueron devueltos a sus dueños.

Más tarde, en la segunda guerra Seminola (1835-1842), Abraham sirvió como explorador e intérprete del jefe Micanopy. No se sabe mucho sobre la muerte de Abraham, pero sí que más tarde vivió en Bowlegs Town, en el río Suwannee, y que posteriormente se casó con la viuda de Billy Bowlegs.

General Thomas Sidney Jesup

Los seminolas fueron la última tribu de nativos americanos expulsada por la fuerza de sus tierras en Florida. A pesar de embarcarse en muchas campañas, Andrew Jackson no consiguió desalojar a los seminolas. En 1836, nombró al intendente Thomas Sidney Jesup, a quien consideraba un hombre de acción, para que se ocupara de los creeks que quedaban en Alabama y Georgia. Más tarde se le encomendó la tarea de expulsar de Florida a los seminolas que quedaban, incluidos los seminolas negros, los esclavos fugitivos que se habían unido a la nación seminola.

Jesup nació en el condado fronterizo de Berkeley, Virginia, en 1788. Su padre, el mayor James Edward Jesup, fue un oficial condecorado en la guerra de la Independencia. Se casó con una irlandesa llamada Ann O'Neill, hermana del coronel George Croghan, un hombre que recibió honores por sus acciones en la guerra de 1812 cuando defendió Fort Stephenson.

Jesup, de diecinueve años, se alistó en el ejército en 1808 y pronto recibió el honor de ser subteniente, a pesar de no tener experiencia. Debido a su diligencia como oficial, fue ascendido rápidamente a teniente primero. El hecho de haber crecido en una familia de militares y de haber vivido en la frontera, rodeado de nativos americanos hostiles, le permitió comprender lo que el ejército estaba haciendo mal en su lucha contra las tribus nativas.

En 1818, fue nombrado general de brigada e intendente y empezó a hacer planes para fuertes y puestos avanzados. También encontró formas de mejorar las condiciones y la moral de sus tropas. Durante la segunda guerra Seminola, se le encomendó el mando de las tropas estadounidenses en Florida, que se alinearon con las milicias estatales y los creeks amigos. Tenían órdenes de desplazar a los seminolas al oeste del río Misisipi.

Jesup veía a los esclavos fugitivos como la clave para capturar al jefe seminola Osceola, al líder seminola negro John Horse, a Micanopy y a su consejero e intérprete negro Abraham, a Alligator y a Coacoochee. Jesup sabía que los seminolas sentían un gran amor por los negros que pasaron a formar parte de la tribu. La mayoría de los esclavizados se convirtieron en granjeros de éxito; su única restricción era que tenían que pagar un tributo anual de parte de su cosecha a los seminolas. Jesup pensó que perturbando la economía seminola podría obligarles a rendirse. En una carta, escribió: «Esto, puede estar seguro, es un problema de negros, no una guerra india; y si no se acaba rápidamente, el sur sentirá sus efectos en su población esclava antes del final de la próxima temporada»[75].

General Jesup

https://commons.wikimedia.org/wiki/File:Thomas_Sidney_Jesup.jpg

En noviembre de 1836, el presidente Jackson nombró a Thomas Sidney Jesup para comandar las fuerzas estadounidenses en Florida. Fue el mediador con el Departamento de Guerra durante la segunda guerra Seminola. Las órdenes de Jesup eran desalojar a los nativos americanos de las orillas del río Withlacoochee en Florida y alejarlos de Fort King y Volusia, cerca del río St. Johns.

---

[13] "General Jesup". http://johnhorse.com/trail/02/c/01.htm .

Pero los escurridizos seminolas se escabulleron hacia los pantanos a medida que las tropas se acercaban. Lo único que Jesup consiguió en su primer ataque fue capturar un poblado en el arroyo Hatchee-Lustee, que estaba lleno de mujeres y niños que habían sido abandonados por los seminolas en retirada.

El siguiente intento de Jesup de capturar a los jefes seminolas y sus guerreros, que sumaban unos cuatro mil, fue en 1835, después de que Osceola atacara Fort King para matar a su odiado enemigo, el agente indio Wiley Thompson. Por la misma época, su consejero, Micanopy, llevó a cabo la masacre de Dade, en la que el mayor Dade fue atacado por unos doscientos guerreros. Se dice que el primer disparo de Micanopy mató a Dade, y que murieron algo más de cien soldados estadounidenses. Tres soldados sobrevivieron, aunque uno murió de sus heridas al día siguiente.

En 1837, Jesup cometió lo que se consideró un acto de traición contra los seminolas. Bajo una falsa bandera de tregua, convocó a varios jefes en San Agustín y consiguió capturar a Osceola y Micanopy, aunque Coacoochee (Gato Salvaje) y otros jefes escaparon. Incluso entonces, este acto se consideró cobarde y traicionero, lo que prestó apoyo a la causa seminola.

Tras fracasar en su intento de someter a los seminolas, Jesup fue herido en combate en 1838 y se vio obligado a retirarse, dejando al general Zachary Taylor la tarea de continuar la lucha.

Mayor Francis L. Dade

El comandante Francis Dade nació en Virginia en 1792 o 1793. Aunque no se sabe mucho de su infancia, sí sabemos que en algún momento se alistó en el ejército y luchó en la guerra de 1812. Recibió el mando de la Cuarta Unidad de Infantería en 1815, al comienzo de la segunda guerra Seminola. Realizó campañas militares en los pantanos situados entre Fort Brooke, en Tampa, y Fort King, en Ocala, en 1825 y 1826, persiguiendo a los escurridizos seminolas, que estaban decididos a resistirse a la reubicación.

En 1828, Dade fue ascendido a mayor después de servir como capitán durante diez años. Cuando los seminolas volvieron a llevar a cabo una sublevación, se le ordenó abandonar su base en Key West y marchar a Fort Brooke, dirigiendo a más de cien soldados en una campaña a través de los páramos para capturar a los seminolas, que estaban liderados por Osceola y Micanopy.

Como los seminolas habían destruido los puentes, Dade y sus hombres se vieron obligados a vadear los pantanos, donde quedaron empantanados. Los seminolas prepararon una emboscada en terreno más elevado. Se escondieron detrás de palmitos y otras plantas y árboles, y abrieron fuego contra las tropas que pasaban.

El mayor Dade fue supuestamente asesinado por Micanopy. De más de cien soldados, solo sobrevivieron tres, aunque uno murió más tarde a causa de sus heridas. La masacre fue obra de los seminolas, que habían tendido la trampa destruyendo puestos avanzados, líneas de suministro y plantaciones a lo largo de 1835.

Zachary Taylor

Una fotografía de Zachary Taylor
https://commons.wikimedia.org/wiki/File:Zachary_Taylor_restored_and_cropped.jpg

Zachary Taylor, duodécimo presidente de Estados Unidos, nació en 1784 en Virginia, en el seno de una rica familia propietaria de plantaciones, y pasó su infancia en Kentucky. Más tarde se alistó en el ejército y fue nombrado teniente primero en 1808. Compró una plantación en Louisville, Kentucky, donde poseía más de doscientos esclavos. Sin embargo, tenía poco interés en cultivar algodón y estaba más interesado en vigilar las fronteras contra la infiltración de nativos americanos.

Taylor pasó cerca de cuarenta años en el ejército, y la mayor parte de ese tiempo lo dedicó a luchar contra los nativos americanos. Luchó en la guerra mexicano-estadounidense para adquirir territorio para los esclavistas y se convirtió en un héroe tras sus victorias en Buena Vista y Monterrey, allanando el camino para un posible ataque a Ciudad de México. Luchó contra los Shawnee en la guerra de 1812, contra los resistentes Blackhawks en 1832 y en la segunda guerra Seminola en 1837. En la segunda guerra Seminola, utilizó sabuesos para rastrear a los seminolas que se escondían en los pantanos. En una carta de 1838, declaró: «Estoy a favor de [usar perros]... como único medio de librar al país de los indios... que se refugian en pantanos y mogotes... solo para averiguar dónde están, no para preocuparlos».

En diciembre de 1837, el general Taylor, junto con ochocientos soldados regulares, doscientos voluntarios y cincuenta guerreros delaware, libró la batalla del lago Okeechobee, la mayor y más sangrienta de la segunda guerra Seminola. Se enfrentaron a unos cuatrocientos seminolas y mikasukis en la orilla norte del lago.

El general Taylor ignoró los consejos de sus oficiales y utilizó las mismas tácticas fallidas que el general Robert E. Lee emplearía en Gettysburg. Taylor empleó un clásico asalto frontal europeo, con la esperanza de vencer con un golpe de gracia. Pero los guerreros escondidos en el bosque sorprendieron al ejército mientras vadeaban el fangoso pantano. Al final de la batalla, más de veinticinco soldados murieron y más de cien resultaron heridos. Alrededor de doce nativos americanos fueron encontrados muertos, y el resto escapó hacia el interior del pantano.

Ambos bandos se atribuyeron la victoria, aunque los seminolas obtuvieron la victoria táctica. El general Zachary Taylor fue declarado héroe y ascendido a general de brigada. En 1849, Taylor se convirtió en presidente.

Al final de la segunda guerra Seminola, se calcula que el gobierno estadounidense había gastado unos cuarenta millones de dólares, aunque nunca se sabrá con certeza el costo real. Se calcula que unos trescientos soldados estadounidenses murieron en combate. Los registros del ejército de EE. UU. tomaron cifras más firmes de los que murieron por enfermedad, señalando que 1.145 perecieron a causa de enfermedades como la viruela y el cólera.

A pesar de los elevados costos que tuvo que soportar el gobierno estadounidense, los seminolas nunca fueron totalmente expulsados de Florida. Sam Jones (Abiaka) declaró: «En Florida nací. En Florida, moriré. En Florida, mis huesos se marchitarán». Aunque muchos seminolas marcharon hacia el oeste, todavía hay seminolas que viven en reservas en Fort Lauderdale, Tampa e Immokalee.

Cuando Taylor fue elegido presidente en 1848, la fiebre del oro estaba en marcha y miles de mineros se abrían paso hacia el oeste. En pocos años, California se inundó de gente y se produjeron actos de violencia legalizados contra los nativos americanos de la zona.

William Tecumseh Sherman

Otro militar que desempeñó un papel en la época del Sendero de Lágrimas fue William Tecumseh Sherman, el general que utilizó tácticas de tierra quemada (en las que se destruye todo para que nadie pueda utilizar los recursos allí existentes) contra los ciudadanos de Georgia en la guerra de Secesión. Trazó un camino de destrucción hasta Savannah y asesinó a hombres, mujeres, niños, cosechas y animales.

Sherman nació en Ohio en 1820. Aproximadamente una década antes, el jefe shawnee Tecumseh forjó una alianza o confederación de nativos americanos en Ohio. El padre de Sherman quedó tan impresionado con el guerrero Tecumseh que bautizó a su hijo con su nombre. Su padre defendió el nombre dado a su hijo ante los críticos que querían saber por qué un niño debía llamarse como un «salvaje». El padre de Sherman respondió que, a sus ojos, «Tecumseh era un gran guerrero»[76].

Con toda probabilidad, de ahí le vino a su hijo su espíritu guerrero y la idea de emplear tácticas de tierra quemada, que Sherman utilizó contra los Estados Confederados de América y los indios de las llanuras cuando intentó expulsarlos de Misisipi. Sherman se lo dijo sin rodeos a los indios de las llanuras: «No podéis parar la locomotora como tampoco podéis parar el sol o la luna, y debéis someteros»[77].

Sus órdenes eran hacer sitio para el ferrocarril Transcontinental desplazando a los nativos americanos hacia el oeste, pero en el proceso, decidió masacrar su fuente de alimento. Sherman mató a cinco millones de búfalos para someter a los nativos y obligarlos a vivir en reservas.

En *The Real Lincoln*, se nos dice que el general Ulysses S. Grant ordenó a Sherman, comandante del ejército estadounidense en 1865, «llevar a cabo una campaña de genocidio étnico contra los indios de las

---

[76] Andrews, Evans. "9 Things You May Not Know About Willian Tecumseh Sherman". *History* (2019). https://www.history.com/news/9-things-you-may-not-know-about-william-tecumseh-sherman.
[77] Ibid.

llanuras para abrir paso a los ferrocarriles subvencionados por el gobierno». En 1866, Sherman escribió a Grant diciéndole: «No vamos a permitir que unos cuantos indios ladrones y harapientos pongan en jaque y detengan el progreso de los ferrocarriles». Al resumir la actitud de Sherman hacia los nativos americanos, DiLorenzo cita a Sherman. Al decir a sus tropas lo que debían hacer al atacar aldeas de nativos americanos, Sherman dijo que no debían «detenerse a distinguir entre hombres y mujeres, ni siquiera discriminar por la edad. Si se ofrece resistencia, hay que dar muerte»[78].

Sherman y el general Philip Sheridan, el general de la Unión que utilizó tácticas de tierra quemada en el valle de Shenandoah y pronunció la famosa frase: «Los únicos indios buenos que he visto estaban muertos», cometieron actos de asesinato y destrucción de propiedades bajo la dirección de Abraham Lincoln. Antes de la guerra de Secesión, Sherman luchó en la segunda guerra Seminola. Aunque Sherman expresó remordimientos por haber expulsado a los seminolas de Florida, sus opiniones eran similares a las de muchos otros en el país. Consideraba a los nativos americanos inferiores y un obstáculo para el progreso.

Para resumir este capítulo, parece apropiado citar a DiLorenzo sobre lo que ocurría entre bastidores mientras se ejercía la violencia contra los nativos americanos:

> «Tanto los confederados del sur como los indios se interponían en el camino del sueño Whig/Republicano de un imperio económico norteamericano con un ferrocarril transcontinental subvencionado, un sistema bancario nacionalizado y aranceles proteccionistas. En consecuencia, ambos grupos fueron conquistados y subyugados por los medios más violentos».

También señala la ironía de que cientos de ex esclavos llamados «soldados búfalo» lucharan con el ejército contra los nativos americanos, «infligiendo a otra raza de color la máxima inhumanidad: la muerte violenta o la existencia en campos de concentración en las reservas». Aquí podemos ver la historia detrás de la historia que a menudo no se cuenta en los libros de historia[79].

---

[78] DiLorenzo, Thomas. *The Real Lincoln: A New Look at Abraham Lincoln*. Crown Forum, 2003.
[79] Ibid.

Capítulo 11: La expulsión de los nativos americanos: Cronología

Con todos los tumultuosos acontecimientos que tuvieron lugar tras el nacimiento de Estados Unidos, la tragedia que se abatió sobre los nativos americanos entre los siglos XVII y XIX, que culminó con el Sendero de Lágrimas, es sin duda una época importante en la historia de Estados Unidos. Al principio de nuestro viaje histórico nos planteamos la pregunta de si el desplazamiento de los nativos americanos era inevitable, y al examinar los acontecimientos que tuvieron lugar, uno debería poder llegar a sus propias conclusiones.

Las diversas tribus, en particular las Cinco Tribus Civilizadas, se fueron aculturando poco a poco, adaptándose de hecho a la cultura europea. La mayoría de las tribus pasaron de la caza a la agricultura y se convirtieron en prósperos agricultores y comerciantes. Unas se hicieron cristianas y otras se convirtieron en oficiales del ejército estadounidense y recibieron honores por sus esfuerzos. Nuestro objetivo aquí no es afirmar si la asimilación fue algo bueno o malo, sino señalar que la mayoría de las Cinco Tribus Civilizadas cambiaron para encajar en la sociedad estadounidense.

Pero a pesar de ello, los colonos avanzaron hacia el oeste, con el ejército estadounidense forjando un camino de destrucción que diezmó a los nativos americanos. Una vez más, no podemos dejar de observar el elemento de codicia en el alma humana; los especuladores estaban ávidos de tierras, los barones del ferrocarril ansiosos de beneficios y los buscadores de oro hambrientos de las riquezas del suelo del territorio de los nativos americanos. Incluso el gobierno estadounidense y la idea del destino manifiesto pueden considerarse codiciosos y hambrientos de más, y más, y más, ya se trate de tierras, recursos o cualquier otra cosa.

Así pues, antes de concluir este libro, refresquemos la memoria con una breve cronología de los principales tratados que se firmaron con los nativos americanos antes y poco después del Sendero de Lágrimas. Esta lista no es de ningún modo exhaustiva; pretende ser una breve guía que le ayude a conservar la información que ha leído a la vez que le presenta otros tratados que no encajaban del todo en el marco del tema.

Una de las razones por las que no podemos profundizar en todos los tratados es su gran número. Entre 1778 y 1871, los pueblos indígenas de toda Norteamérica firmaron unos 370 tratados con Estados Unidos, cada uno de ellos «basado en la idea fundamental de que cada tribu era una nación independiente, con su propio derecho a la autodeterminación y al autogobierno»[80]. Pero como hemos señalado varias veces en el texto, la expansión hacia el oeste de los colonos blancos condujo a la violación de la mayoría de estos tratados. Los colonos siguieron invadiendo las tierras de los nativos americanos, los especuladores fraudulentos concedieron tierras a varias tribus que ya las ocupaban y las compañías ferroviarias exigieron tierras para transportar personas y mercancías hacia el oeste.

A continuación, se resume la historia de los tratados que firmaron los nativos americanos:

- Tratado con los delawares o Tratado de Fort Pitt (1778)

  El primer tratado de paz formal entre Estados Unidos y los nativos americanos fue el Tratado de Fort Pitt. Fue firmado por los lenape (delaware). Se rompió en 1872 cuando la milicia de Pensilvania asesinó a cien lenape y obligó a la tribu a trasladarse al territorio de Ohio.

- Tratado de Fort Stanwix (1784)

  Este tratado otorgó a Estados Unidos la soberanía sobre todas las tierras de la Confederación iroquesa como castigo por su apoyo a los británicos en la guerra de la Independencia. La Confederación iroquesa se dividió al firmar el tratado y finalmente se vio obligada a reubicarse fuera de partes de Nueva

---

[80] Pruitt, Sarah. "Broken Treaties with Native American Tribes: Timeline". https://www.history.com/news/native-american-broken-treaties.

York y Pensilvania.

- Tratado de Hopewell (1785-1786)

Tres tratados fueron firmados por el general Andrew Pickins y los cheroqui, choctaw y chickasaw, ofreciendo amistad y protección tras la guerra de 1812. Fueron violados por la invasión de colonos en los años siguientes.

- Tratado de Canandaigua o Tratado de Pickering (1794)

Los haudenosaunee (Seis Naciones), formados por los mohawk, cayuga, onondaga, seneca, oneida y tuscarora, firmaron este tratado con el gobierno estadounidense. El tratado devolvía un millón de acres que habían sido tomados en el Tratado de Fort Stanwix, pero el tratado fue revocado más tarde.

- Tratado de Greenville (1795)

Los shawnee, delaware, miami y otras tribus se unieron para luchar contra los colonos. El general «loco» Anthony Wayne fue enviado para sofocar los disturbios y derrotó a las tribus en la batalla de los árboles caídos. Los nativos americanos se vieron obligados a ceder grandes extensiones de lo que hoy es Ohio, Michigan, Illinois y Wisconsin.

- Tratado con los sioux (1805)

El general Zebulon Pike firmó un tratado no autorizado con los líderes dakota, intercambiando 100.000 acres por 200.000 dólares para construir fuertes y ferrocarriles. Solo firmaron dos de los siete líderes tribales. En lugar de dejarles los 200.000 dólares en que había valorado la tierra, Pike les dejó 200 dólares en regalos.

- Tratado de Fort Wayne (1809)

Las tribus delaware, miami, eel river y potawatomi cedieron 2,5 millones de acres en Michigan, Ohio, Indiana e Illinois por dos centavos el acre. Posteriormente, el gobernador territorial William Henry Harrison rompió el tratado y comenzó a atacar a las tribus en el valle del Ohio.

- Tratado de Gante (1814)

El Tratado de Gante se firmó entre Estados Unidos y Gran Bretaña y puso fin a la guerra de 1812.

- Tratado de Doak's Stand (1820)

Se dijo que este tratado era de amistad entre los choctaw y el gobierno estadounidense. Sin embargo, Andrew Jackson utilizó amenazas para conseguir que los choctaw firmaran, insinuando que serían aniquilados si se negaban. Los choctaw aceptaron renunciar a la mitad de sus tierras a cambio de tierras en Arkansas y el pago de anualidades.

- Segundo Tratado de Indian Springs (1825)

William McIntosh firmó este tratado con el gobierno estadounidense, acordando ceder todas las tierras creek al este del río Chattahoochee. El tratado estipulaba que los creeks se trasladarían al oeste del Misisipi.

- Ley de Traslado Forzoso de Indios (1830)

Se prometió a los nativos americanos tierras al oeste del Misisipi si abandonaban las tierras del sur de Estados Unidos. La ley rompió los tratados que ya estaban en vigor, y los gobiernos estadounidense y estatales recurrieron al uso de la fuerza militar, el engaño o el fraude para conseguir que los nativos americanos se desplazaran hacia el oeste.

- Tratado de Dancing Rabbit Creek (1830)

El Tratado de Dancing Rabbit Creek fue el último gran tratado de cesión de tierras firmado por los choctaw. Fue el primer tratado de traslado de nativos americanos tras la aprobación de la Ley de Traslado Forzoso de Indios. Los choctaw renunciaron a once millones de acres en Misisipi a cambio de quince millones de acres de tierra en Oklahoma.

- Tratado de Moultrie Creek (1832)

Este tratado estableció una reserva para varias tribus seminolas en el centro de la península de Florida si accedían a ceder todas las demás reclamaciones de tierras, y a capturar y devolver esclavos fugitivos.

- Tratado de Payne's Landing (1832)

Este tratado fue negociado por James Gadsen y exigía que los seminolas del centro de Florida se trasladaran al oeste del Misisipi. Aunque el tratado fue firmado por varios jefes prominentes, la mayoría fueron coaccionados a firmar. Los seminolas continuaron resistiéndose, lo que condujo a la segunda guerra Seminola.

• Tratado de Nueva Echota (1835)

Un pequeño grupo de cheroquis firmó este tratado, acordando trasladarse al oeste del Misisipi por cinco millones de dólares. La mayoría de los cheroquis afirmaron que el tratado era un fraude, pero el Congreso lo ratificó en 1836. El gobierno estadounidense lo utilizó como motivo para expulsar a los cheroquis. Estos se vieron obligados a marchar miles de kilómetros hasta Arkansas y más allá, y unos cuatro mil murieron por el camino.

• Tratado con los potawatomi (1836)

Este tratado garantizaba la seguridad de los potawatomi en sus reservas de Indiana, pero pronto se vieron obligados a vender las tierras por catorce mil dólares y empujados hacia el oeste. Cuarenta de ellos murieron por el camino.

• Tratado de Fort Laramie (1851)

Este tratado definió el territorio de la Gran Nación Sioux de los Dakota y los Lakota (Teton Sioux), que vivían en Dakota del Norte, Dakota del Sur, Montana, Nebraska y Wyoming. El gobierno estadounidense no reclamó ninguna parte de sus tierras. En su lugar, solicitaron protección para los colonos que viajaban por la ruta de Oregón y permiso para construir carreteras y fuertes.

• Tratado de Traverse des Sioux y Mendota (1851)

Temiendo por su seguridad debido a la invasión de colonos, los dakota y los mendota cedieron millones de acres a cambio de reservas y 1.665.000 dólares, lo que equivale a unos siete céntimos por acre. No recibieron ni lo uno ni lo otro; en su lugar, el dinero se entregó a los comerciantes para pagar deudas, y la oferta de reserva fue revocada por el Senado estadounidense.

• Tratado de Washington (1855)

Los ojibwa se vieron obligados a ceder las tierras que les quedaban a cambio de dos reservas en las que se les asignó propiedad privada. Con este tratado, el gobierno estadounidense pretendía destruir las leyes comunales tribales relacionadas con la tierra. También se obligó a los ojibwa a convertirse en agricultores, pero se les permitió seguir sus tradiciones de caza, pesca y recolección.

- Tratado de Medicine Lodge (1867)

  Tras la guerra de Secesión, los líderes de las tribus de las llanuras se reunieron con el gobierno estadounidense para negociar un tratado que protegiera a su pueblo de la violencia de los colonos. Había dos reservas, una para los comanches y kiowas y otra para los cheyenes y arapajó, pero las tribus nunca firmaron el tratado. El Congreso lo ratificó y luego redujo el tamaño de las reservas, retuvo los pagos e impidió la caza.

- Tratado de Fort Laramie (1868)

  Este tratado estableció la Gran Reserva Sioux (ahora llamada Reserva de Standing Rock) para las naciones Dakota, Lakota y Nakota, junto con los arapajó. Protegía las Colinas Negras y comprendía toda Dakota del Sur al oeste del río Misuri. El tratado fue violado en 1874, cuando se descubrió oro en las Colinas Negras, tras lo cual se concedieron derechos de minería a los colonos blancos. Las disputas continúan a día de hoy por el oleoducto Dakota Access, que se construye en la reserva de Standing Rock.

Aunque hay muchos otros tratados y acontecimientos que podrían incluirse, esta cronología nos ofrece una visión clara del impulso de Estados Unidos para expandirse hacia el oeste a través de la idea del destino manifiesto. Estudiando esta cronología, podemos ver cómo los nativos americanos se interpusieron en el camino de lo que hoy se denomina progreso. Por otro lado, también podemos ver con qué frecuencia el gobierno estadounidense violó los tratados para su propio beneficio y el de los colonos que buscaban más tierras.

Si tuviéramos que profundizar en todos los tratados que el gobierno estadounidense violó con los pueblos indígenas de Norteamérica y en la violencia resultante de estos actos, necesitaríamos al menos un libro más, por no decir más. Con esta breve cronología, podemos reflexionar sobre los hechos expuestos por John Bowes en su erudito ensayo «American Indian Removal Beyond the Indian Removal Act» (El traslado de los indios americanos más allá de la Ley de Traslado Forzoso de los Indios), que nos ofrece una visión más amplia de la expulsión de los indígenas norteamericanos de sus tierras ancestrales. Bowes señala que concentrarse en el discurso de la Ley de Traslado Forzoso de Indios de 1830, «que está impregnado del lenguaje de la autoridad constitucional, la civilización frente al salvajismo, los derechos de propiedad, los derechos de los estados, la soberanía tribal y la jurisdicción gubernamental», lleva a los historiadores a ignorar el panorama más amplio del traslado de los nativos americanos de la costa este y el valle del Ohio[81].

Por ejemplo, habla de los delaware, que se vieron obligados a ceder partes de Nueva York y Pensilvania, y de los potawatomi, que fueron expulsados del valle del Ohio por colonos franceses, holandeses e ingleses. En un espectro más amplio, Bowes sostiene que la historiografía de la expulsión de los nativos americanos se centra en el «*imperium* [construcción del imperio] durante la era de Jackson» e ignora el hecho de que los estadounidenses estaban «decididos a expandirse geográfica y económicamente» al tiempo que «imponían una voluntad ajena a los pueblos sometidos y exigían sus recursos». En otras palabras, la trágica historia de los nativos americanos no debe limitarse solo al Sendero de Lágrimas o a las tribus que vivían en el sureste de Estados Unidos.

Comparable a la difícil situación de los cheroquis, el «Sendero de Lágrimas de los delaware» fue en muchos aspectos peor. No solo se vieron obligados a marchar de sus hogares, sino que también huyeron por miedo a la violencia militar que se desarrollaba a su alrededor, como la guerra de los Siete Años y la guerra de 1812. El sufrimiento de los delaware y los cheroqui fue instigado por ciudadanos blancos y reforzado por los gobiernos estatales con la aprobación implícita del gobierno federal.

Los delaware fueron empujados hacia el oeste y el sur en rápido movimiento a medida que se violaban los tratados de acuerdo con la constante afluencia de colonos. Se los obligó a marchar después de marcar los tratados con una X, a lo que Bowes cita a Richard Lyons diciendo que la X era «un signo de consentimiento en un contexto de coacción»[82].

Los delaware fueron expulsados de la costa este hacia el valle del Ohio. En la década de 1790, seiscientos delaware vivían entre San Luis y Nuevo Madrid, ambos en Misuri. Entonces se vieron obligados a escapar a territorio español en Texas y México. Cuando México declaró su independencia, los colonos de Texas cometieron actos de violencia contra los delaware recién llegados, que se asentaron a orillas del río Rojo, en el

---

[81] Bowes, John P. "American Indian Removal beyond the Removal Act". *Native American and Indigenous Studies*, vol. 1, nº 1, 2014, pp. 65-87. *JSTOR*, https://doi.org/10.5749/natiindistudj.1.1.0065.
[82] Ibid.

norte de México. Los delaware no tenían un hogar permanente y los colonos los consideraban un estorbo.

Tras el Tratado de Greenville en 1795, los delaware se vieron obligados a desplazarse de nuevo, viajando cuatrocientas millas en canoa hasta el río White, en la cuenca del río Wabash, pasando por sus aldeas destruidas por el camino. Y una vez más, fueron expulsados cuando los colonos blancos inundaron el valle del Ohio y las orillas del río Misisipi tras la guerra de la Independencia. En 1822, se concedieron tres años para reubicar a los 2.500 delaware que quedaban en las misiones del suroeste, y finalmente acabaron con las tribus cheroqui y shawnee en Arkansas, donde entraron en conflicto con los osage.

Cuando las inundaciones de los Ozarks destruyeron sus campos de maíz y los cotos de caza no les proporcionaron alimentos suficientes, los delaware empezaron a darse cuenta de que les habían mentido. El jefe delaware Kikthawenund (también conocido como William Anderson) expresó con tristeza pensamientos que podrían aplicarse a la pesadilla vivida por todos los nativos americanos: «El hombre blanco reclama ahora nuestro país y exige que lo abandonemos. ¡Y ahora no sabemos qué hacer!»[83].

La idea de que el gobierno estadounidense perpetró un genocidio contra los nativos americanos es un argumento controvertido hoy en día. El término genocidio es relativamente nuevo, ya que solo existe desde 1944. Sin embargo, que el término sea nuevo no significa que las sociedades del pasado no buscaran voluntariamente exterminar a otras por diferencias percibidas. Nuestro objetivo aquí no es decantarnos por un bando u otro; más bien queremos que usted mismo pueda llegar a una conclusión al tiempo que exponemos los argumentos de los historiadores.

Algunos expertos afirman que el gobierno estadounidense no pretendía exterminar a los nativos americanos, ya que muchos murieron a causa de enfermedades y conflictos que no siempre se iniciaron pensando en muertes a gran escala. Algunos conflictos comenzaron porque los nativos americanos habían cometido una masacre o planeaban entrar en guerra.

Sin embargo, otros historiadores sí creen que lo que ocurrió fue equivalente a un genocidio, y Bowes es uno de ellos. Algunos de estos historiadores sostienen que el genocidio se produce cuando hay

---

[83] Ibid.

colonización y expansión, ya que casi siempre se deja de lado a un grupo. Habría sido algo fácil para los políticos estadounidenses ignorar la difícil situación de los nativos americanos con tal de complacer a los ciudadanos del país que habían votado para que ocuparan puestos de poder (los nativos americanos no se convertirían en ciudadanos de Estados Unidos hasta 1924). La marcha forzada de las Cinco Tribus Civilizadas fue testigo de miles de muertes, muchas de las cuales probablemente podrían haberse evitado, aunque, con un viaje tan largo y el número de personas que viajaban, las muertes habrían sido inevitables.

E incluso si se admite que los colonos no buscaban voluntariamente exterminar a los nativos americanos, los historiadores señalan el genocidio cultural que tuvo lugar. Las Cinco Tribus Civilizadas son un excelente ejemplo de ello, ya que abandonaron muchas de sus formas tradicionales para asimilarse a la cultura angloamericana. Las escuelas misioneras que surgieron por todo el país también trataron de inculcar el cristianismo y la lengua inglesa a los niños, obligándolos a abandonar su lengua tradicional, su vestimenta y muchas otras cosas.

Independientemente de lo que se piense del argumento del genocidio, casi todo el mundo puede estar de acuerdo en que el Sendero de Lágrimas fue una época trágica en la historia de Estados Unidos.

Conclusión

El jefe Joseph, que llegó a ser jefe de la banda Wallowa de Nez Perce en la década de 1870, ofrece una cita que lo dice todo. «Creo que nos ahorraríamos muchos problemas y mucha sangre si abriéramos más nuestros corazones».

Una vez rotos la mayoría de los tratados con los indígenas y derrotadas o ignoradas sus batallas judiciales, no hubo forma de detener el avance hacia el Oeste de las fuerzas del crecimiento económico. Los defensores del destino manifiesto estaban decididos a aplastar cualquier cosa o persona que se interpusiera en el camino del progreso. Este choque de civilizaciones conllevó interminables discusiones sobre la soberanía y los derechos de los estados.

Si observamos la difícil situación de los asediados nativos americanos, podemos ver que la idea del destino manifiesto era una fuerza incontrolable que conducía al traslado de los nativos americanos a reservas controladas por el gobierno o a su extinción. Sin embargo, no podemos evitar preguntarnos de nuevo, ¿fue inevitable el Sendero de Lágrimas? ¿Podrían haberse evitado las muertes y el sufrimiento de tantos nativos americanos? Son preguntas difíciles de formular y es posible que ahora mismo no tenga respuestas para ellas. Pero lo animamos a que lea más sobre esta época de la historia para que saque sus propias conclusiones.

Epílogo

Hoy en día no oímos hablar mucho de los nativos americanos, a no ser que se trate de una noticia sobre una protesta por la construcción de un oleoducto en una reserva, una lucha por los derechos de caza, la polémica sobre un equipo deportivo que utiliza nativos americanos como mascota o una película en la que se los representa como salvajes. Los nativos americanos tienen la tasa de pobreza más alta entre las minorías, a pesar de los casinos que se les permite construir.

Los retos a los que se enfrentan los nativos americanos en la actualidad son la delincuencia, la educación, el derecho al voto, la salud mental y física, los problemas medioambientales relacionados con el cambio climático y la posible extinción de sus lenguas.

Más de quinientas tribus que actualmente están reguladas por el gobierno sufren «violencia espiritual y física, discriminación social y... son degradadas cuando se las estereotipa en los medios de comunicación»[84]. Desde la Gran Depresión, los nativos americanos no han podido compartir la prosperidad económica experimentada por la mayoría de la población estadounidense. Alrededor del 33% de los nativos americanos viven en la pobreza. Desde el censo de 2010, el nivel de pobreza entre las tribus ha aumentado hasta el 49 por ciento, y como resultado, 700.000 o un tercio de los nativos americanos de las reservas viven en la pobreza[85].

---

[84] "Native American Issues Today: Current Problems & Struggles 2022".
http://www.powwows.com/issues-and-problems-facing-native-americans-today.
[85] Ibid.

A continuación, se enumeran algunos de los problemas a los que se enfrentan actualmente:

- Falta de atención de urgencias y hospitales.
- Viviendas multigeneracionales, que pueden contagiar más rápidamente las enfermedades a otros miembros de la familia.
- Pérdida de empleos debido a la reciente pandemia.
- La muerte de muchos ancianos de las tribus en 2020, lo que conlleva la pérdida de conocimientos, lengua y conexiones con la historia.
- Violencia contra mujeres y niños; el 40% de las mujeres denuncian violaciones, acoso o violencia doméstica.
- Muchas reservas tienen una tasa de asesinatos diez veces superior a la media nacional.
- Un informe del Departamento de Justicia de 1990 mostraba que el 80% de los abusos físicos y violaciones de mujeres nativas americanas eran cometidos por personas no nativas.
- Numerosos casos denunciados de mujeres indígenas desaparecidas y asesinadas.

En relación con la crisis climática, muchas reservas tienen recursos valiosos que están siendo explotados, como gas, petróleo y madera, y algunas reservas contienen yacimientos de oro. Los indígenas han declarado que esta explotación está causando daños medioambientales a sus tierras. Por ello, muchos indígenas se han unido a grupos ecologistas y de justicia social para protestar contra los combustibles fósiles, la minería y la instalación de oleoductos cerca de las reservas.

Otros problemas notables son las altas tasas de abandono escolar, la baja asistencia a la universidad y las altas tasas de obesidad, VIH/SIDA y diabetes. El Servicio de Salud Indígena (IHS por sus siglas en inglés) carece de fondos suficientes, y la tasa de suicidios de nativos americanos de entre 10 y 34 años fue extremadamente alta en 2019.

Los indígenas estadounidenses tienen problemas para votar, ya que faltan colegios electorales. La necesidad de recorrer largas distancias para emitir su voto se ve dificultada por la falta de transporte. Las reservas no utilizan las direcciones tradicionales, lo que significa que sus documentos de identidad no siempre son reconocidos por las autoridades exteriores, pero con la aprobación de la Ley de Derecho al Voto de los Nativos Americanos en 2021, se han solucionado algunos de estos problemas.

Solo sobreviven entre 150 y 170 lenguas nativas americanas, pero están en peligro de desaparecer. Se ha pronosticado que en 2050 solo quedarán veinte lenguas nativas americanas. Se esperaba que el Decenio Internacional de las Poblaciones Indígenas del Mundo proclamado por las Naciones Unidas llamara la atención sobre estos problemas.

En «Native American Life Today» (La vida actual de los nativos americanos), la Dra. Maria Yellow Horse Braveheart, una hunkpapa, Oglala Lakota, profesora de la Universidad de México, ha desarrollado una teoría del «duelo histórico no resuelto», o «una herida psicológica... tras la pérdida de vidas, tierras y aspectos vitales de la cultura». Habla de quinientos años de traumas debidos a persecuciones, reubicaciones y «variaciones de violencia física, mental, emocional y espiritual por parte de los emigrantes europeos que decidieron expandirse por el continente, diezmando de hecho las vidas de hombres, mujeres y niños nativos americanos»[86].

Según Yellow Horse, las cicatrices son mucho más profundas, sobre todo porque la discriminación continúa hoy en día. Este «trauma colectivo de grupo —como ella lo llama—, se transmite a nivel celular», lo que conlleva una mayor probabilidad de que los niños experimenten mayores niveles de estrés y la posibilidad de desarrollar enfermedades mentales y físicas.

Otro aspecto que tocaremos es la lucha por los derechos de propiedad de los nativos americanos, una batalla que continúa hoy en día. En Estados Unidos viven 6,7 millones de nativos americanos, de los cuales solo el 22% vive en reservas bajo un «fideicomiso federal». El resto vive en distintas partes del país. Un fideicomiso federal significa que el gobierno federal asume toda la responsabilidad de la gestión de las tierras. El gobierno actúa esencialmente como propietario legal o fideicomisario a través de los tratados celebrados entre las tribus y el gobierno federal. Los fideicomisos federales interfieren en los derechos de propiedad y las oportunidades económicas, lo que repercute negativamente en la vida de las reservas[87].

Hay una cita destacada en *The Atlantic*, una revista estadounidense. Naomi Schafer Riley escribe: «Los indios llevan mucho tiempo sufriendo lo que el economista Hernando de Soto, ganador del Premio Nobel, ha

---

[86] "Native American Life Today: Understanding the Destruction". https://pages.nativehope.com/native-americans-today#chp1.
[87] Ibid.

llamado "capital muerto". Pueden poseer una cierta cantidad de tierra sobre el papel, pero no pueden ponerla en uso vendiéndola, comprando más para aprovechar la escala o pidiendo prestamos sobre ella»[88].

Así, desde una perspectiva histórica, podemos ver que, aunque mucho ha cambiado para los nativos americanos, aún queda mucho por avanzar. No tienen acceso a la riqueza contenida en sus tierras ancestrales, y la falta de progreso y actividad económica ha provocado continuos problemas en las reservas donde viven muchos de ellos. Estando al tanto de los acontecimientos actuales y leyendo más sobre temas históricos como el Sendero de Lágrimas, la gente puede darse cuenta de lo que hay que hacer para que todos desarrollen todo su potencial.

---

[88] Ibid.

Vea más libros escritos por Enthralling History

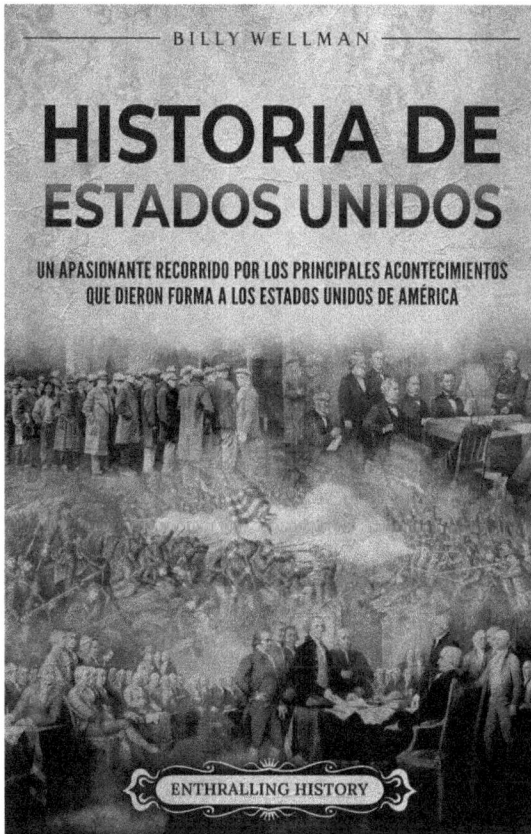

Bibliografía

Barnett, Jim. "The Natchez Indians - 2007-10". Mississippi History Now, https://www.mshistorynow.mdah.ms.gov/issue/the-natchez-indians. Consultado 9 de diciembre de 2022.

Champagne, Duane. The Native North American Almanac: A Reference Work on Native North Americans in the United States and Canada. Edited by Duane Champagne, Gale Research, 2001.

"Comanche | History & Facts". Britannica, 31 De octubre de 2022, https://www.britannica.com/topic/Comanche-people. Consultado el 28 de diciembre de 2022.

"Comanche (tribe) | The Encyclopedia of Oklahoma History and Culture". Oklahoma Historical Society, https://www.okhistory.org/publications/enc/entry?entry=CO033. Consultado el 28 de diciembre de 2022.

"The Creek War of 1813-1814". American Battlefield Trust, https://www.battlefields.org/learn/articles/creek-war-1813-1814. Consultado el 7 de enero de 2023.

"Early Choctaw History – Natchez Trace Parkway (U.S.)". National Park Service, 4 de noviembre de 2022, https://www.nps.gov/natr/learn/historyculture/choctaw.htm. Consultado el 9 de diciembre de 2022.

"Encyclopedia of the Great Plains | WOUNDED KNEE MASSACRE". Plains Humanities Alliance, http://plainshumanities.unl.edu/encyclopedia/doc/egp.war.056. Consultado el 13 de enero de 2023.

Estes, Roberta. "James Logan Colbert of the Chickasaws and Allied Trader Families". Native Heritage Project, 27 de diciembre de 2014, https://nativeheritageproject.com/2014/12/27/james-logan-colbert-of-the-chickasaws-and-allied-trader-families/. Consultado el 12 de diciembre de 2022.

Ethridge, Robbie. From Chicaza to Chickasaw: The European Invasion and the Transformation of the Mississippian World, 1540-1715. University of North Carolina Press, 2010.

Grinde, Donald, and Quintard Taylor. "Red vs Black: Conflict and Accommodation in the Post Civil War Indian Territory". American Indian Quarterly, vol. 8, no. 3, 1984, pp. 211-19. JSTOR, jstor.org.

"Hernando de Soto - Facts, Route & Death - Biography". Biography (Bio.), 1 De abril de 2014, https://www.biography.com/explorer/hernando-de-soto. Consultado el 3 De diciembre de 2022.

"History". Navajo Nation, https://www.navajo-nsn.gov/History. Consultado el 27 de diciembre de 2022.

"History & Culture - Sand Creek Massacre National Historic Site (U.S.)". National Park Service, 29 De agosto de 2022, https://www.nps.gov/sand/learn/historyculture/index.htm. Consultado el 9 de enero de 2023.

"History: The Navajo". Utah American Indian Digital Archive, https://utahindians.org/archives/navajo/history.html. Consultado el 27 de diciembre de 2022.

Knetsch, Joe. Florida's Seminole Wars, 1817-1858. Arcadia Publishing Company, 2003.

Landry, Alysa. "Martin Van Buren: The Force Behind the Trail of Tears". Indian Country Today, 23 De febrero de 2016, https://indiancountrytoday.com/archive/martin-van-buren-the-force-behind-the-trail-of-tears. Consultado el 2 de enero de 2023.

Lewis, James E. "The Black Hawk War: Introduction". Northern Illinois University Digital Library, https://digital.lib.niu.edu/illinois/lincoln/topics/blackhawk/intro. Consultado el 8 de enero de 2023.

"The Life of Silas Soule - Sand Creek Massacre National Historic Site (U.S.)". National Park Service, 14 de noviembre de 2019, https://www.nps.gov/sand/learn/historyculture/the-life-of-silas-soule.htm. Consultado el 9 de enero de 2023.

Mann, Charles C. 1491. Knopf Doubleday Publishing Group, 2005.

Martin, McKenzie. "Transylvania Company". ExploreKYHistory, https://explorekyhistory.ky.gov/items/show/384. Consultado el 8 de diciembre de 2022.

"Milestones: 1830–1860". Milestones: 1830–1860 - Office of the Historian, https://history.state.gov/milestones/1830-1860/indian-treaties. Consultado el 3 de enero de 2023.

"Mississippi Band of Choctaw Indians". Mississippi Band of Choctaw Indians, https://www.choctaw.org/aboutMBCI/history/index.html. Consultado el 9 de diciembre de 2022.

"Our Culture - Official Website of the Mescalero Apache Tribe". Mescalero Apache Tribe, https://mescaleroapachetribe.com/our-culture/. Consultado el 28 de diciembre de 2022.

"Pawnee (tribe) | The Encyclopedia of Oklahoma History and Culture". Oklahoma Historical Society, https://www.okhistory.org/publications/enc/entry.php?entry=PA022. Consultado el 23 de diciembre de 2022.

"Portrait of Arthur St. Clair". American Battlefield Trust, https://www.battlefields.org/learn/biographies/arthur-st-clair. Consultado el 6 de enero de 2023.

"Prehistoric Texas". Texas Beyond History, https://www.texasbeyondhistory.net/plateaus/peoples/apache.html. Consultado el 28 de diciembre de 2022.

"Pushmataha (U.S.)". National Park Service, 14 de septiembre de 2017, https://www.nps.gov/people/pushmataha.htm. Consultado el 9 de diciembre de 2022.

"Research Guides: Indian Removal Act: Primary Documents in American History: Digital Collections". Library of Congress Research Guides, 30 de septiembre de 2022, https://guides.loc.gov/indian-removal-act/digital-collections. Consultado el 3 de enero de 2023.

Rozema, Vicki, editor. Cherokee Voices: Early Accounts of Cherokee Life in the East. J.F. Blair, 2002.

Rozema, Vicki, editor. Voices from the Trail of Tears. J.F. Blair, 2003.

Rust, Randal, and Michael Toomey. "Transylvania Purchase". Tennessee Encyclopedia, https://tennesseeencyclopedia.net/entries/transylvania-purchase/. Consultado el 8 de diciembre de 2022.

Seelinger, Matthew. "The Battle of Fallen Timbers, 20 de agosto de 1794 – The Campaign for the National Museum of the United States Army". Army Historical Foundation, https://armyhistory.org/the-battle-of-fallen-timbers-20-de agosto de-1794/. Consultado el 6 de enero de 2023.

"The Seminole Wars". Florida Department of State, https://dos.myflorida.com/florida-facts/florida-history/seminole-history/the-seminole-wars/. Consultado el 8 de enero de 2023.

"Settlement, Trade, and Conflicts in Colonial South Carolina · The James Poyas Daybook: An Account of a Charles Town Merchant, 1760-1765 · Lowcountry Digital History Initiative". Lowcountry Digital History Initiative, https://ldhi.library.cofc.edu/exhibits/show/james_poyas_daybook_eighteenth/historical-context-settlement-. Consultado el 7 de diciembre de 2022.

"Shawnee Tribe". Dartmouth College Library Digital Collections, https://collections.dartmouth.edu/occom/html/ctx/orgography/org0089.ocp.html. Consultado el 22 de diciembre de 2022.

"Sioux - The Battle of the Little Bighorn and the cessation of war". Britannica, https://www.britannica.com/topic/Sioux/The-Battle-of-the-Little-Bighorn-and-the-cessation-of-war. Consultado el 24 de diciembre de 2022.

"Stickball". Choctaw Nation

"Story of the Battle - Little Bighorn Battlefield National Monument (U.S.)". National Park Service, https://www.nps.gov/libi/learn/historyculture/battle-story.htm. Consultado el 12 de enero de 2023.

"Tecumseh". Ohio History Central, https://ohiohistorycentral.org/w/Tecumseh. Consultado el 12 de diciembre de 2022.

"Tenskwatawa". Ohio History Central, https://ohiohistorycentral.org/w/Tenskwatawa. Consultado el 7 de enero de 2023.

"Tippecanoe Battle Facts and Summary". American Battlefield Trust, https://www.battlefields.org/learn/war-1812/battles/tippecanoe. Consultado el 7 de enero de 2023.

"Treaty of Fort Harmar (1789)". Ohio History Central, https://ohiohistorycentral.org/w/Treaty_of_Fort_Harmar_(1789). Consultado el 6 de enero de 2023.

"The Treaty of New Echota and the Trail of Tears". NC DNCR, 29 de diciembre de 2016, https://www.ncdcr.gov/blog/2015/12/29/the-treaty-of-new-echota-and-the-trail-of-tears. Consultado el 10 De diciembre de 2022.

Warren, Stephen. The Worlds the Shawnees Made: Migration and Violence in Early America. University of North Carolina Press, 2016.

Watts, Jennifer. "John Ross: Principal Chief of the Cherokee People". Tennessee State Museum, 2 de noviembre de 2021, https://tnmuseum.org/junior-curators/posts/john-ross-principal-chief-of-the-cherokee-people?locale=en_us. Consultado el 4 de enero de 2023.

Wilentz, Sean. Andrew Jackson: The American Presidents Series: The 7th President, 1829-1837. Edited by Arthur M. Schlesinger, Henry Holt and Company, 2005.

Wilson, James. The Earth Shall Weep: A History of Native America. Atlantic Monthly Press, 1999.

Yarbrough, Fay A. Choctaw Confederates: The American Civil War in Indian Country. University of North Carolina Press, 2021.

"Abiaka (Seminole Indian Sam Jones) - One of the Greatest Medicine Men in History". https://worldprophesy.blogspot.com/2015/01/abiaka-one-of-greatest-medicine-men-seminole.html.

African American Registry (AAREG), "Billy Bowlegs, Seminole Chief". https://osceolahistory.org/billy-bowlegs-iii-ahead-of-his-time/.

"Andrew Jackson Leaves Office: Martin Van Buren Becomes President". (2014). Voice of America Multimedia Site. https://learningenglish.voanews.com/a/andrew-jackson-van-buren/1775693.html.

Andrews, Evans. "9 Things You May Not Know About Willian Tecumseh Sherman". History (2019). https://www.history.com/news/9-things-you-may-not-know-about-william-tecumseh-sherman.

Britannica, The Editors of Encyclopedia. "John Ross". Encyclopedia Britannica, 28 de julio de 2022, https://www.britannica.com/biography/John-Ross-chief-of-Cherokee-Nation. Consultado el 8 de septiembre de 2022.

Biography.com Editors. "Andrew Jackson Biography". A&E Networks. (2017). https://www.biography.com/us-president/andrew-jackson .

Boulware, Tyler. "Cherokee Indians". New Georgia Encyclopedia, 20 de enero de 2009, https://www.georgiaencyclopedia.org/articles/history-archaeology/cherokee-indians/ .

Bowes, John P. "American Indian Removal beyond the Removal Act". Native American and Indigenous Studies, vol. 1, no. 1, 2014, pp. 65–87. JSTOR, https://doi.org/10.5749/natiindistudj.1.1.0065 .

Braund, Kathryn. "Menawa". https://encyclopediaofalabama.org/article/menawa/

"Broken US-Indigenous Treaties: A Timeline". https://stacker.com/stories/23887/broken-us-indigenous-treaties-timeline.

Bullman, James A. "William, McIntosh Creek Indian (Muskogean)". https://www.unknownscottishhistory.com/pdf/William_McIntosh_Creek_Indian_(Muskogean).pdf.

Calloway, Colin. "George Washington Lived in an Indian World, but His Biographies Have Erased Native People". https://longreads.com/2018/11/07/george-washington-lived-in-an-indian-world-but-his-biographies-have-erased-native-people.

Carlson, Leonard A., and Mark A. Roberts. "Indian Lands, Squatterism, and Slavery: Economic Interests and the Passage of the Indian Removal Act of 1830". Explorations in Economic History 43.3 (2006): 486-504. Web. www.sciencedirect.com.ezproxy.liberty.edu.

Casebeer, Kenneth M. "Subaltern Voices in the Trail of Tears: Cognition and Resistance of the Cherokee Nation to Removal in Building American Empire". University of Miami School of Law. https://repository.law.miami.edu/umrsjlr/vol4/iss1/2/.

Cave, Alfred A. "Abuse of Power: Andrew Jackson and the Indian Removal Act of 1830". The Historian, vol. 65, no. 6, 2003, pp. 1330–53. JSTOR, http://www.jstor.org/stable/24452618.

"Cherokee Nation v. Georgia". https://en.wikipedia.org/wiki/Cherokee_Nation_v._Georgia.

"Chickasaw Tribe: Facts, Clothes, Food and History". https://www.warpaths2peacepipes.com/indian-tribes/chickaswa-tribe.htm.

"Chief Dragging Canoe". Video. https://www.youtube.com/watch?v=vrSXzeIXU5M.

"Collision of Worlds". https://www.semtribe.com/stof/history/CollisionofWorlds.

Davis, Ethan. "An Administrative Trail of Tears: Indian Removal". The American Journal of Legal History, vol. 50, no. 1, 2008, pp. 49–100. JSTOR, http://www.jstor.org/stable/25664483.

"Davy Crockett on the Removal of the Cherokees, 1834". https://www.gilderlehrman.org/history-resources/spotlight-primary-source/davy-crockett-removal-cherokees-1834.

DeRosier, Arthur H. "Andrew Jackson and the Negotiations for the Removal of the Choctaw Indians". The Historian, vol. 29, no. 3 (1967). https://www.jstor.org/stable/24442605.

DiLorenzo, Thomas. The Real Lincoln: A New Look at Abraham Lincoln. Crown Forum, 2003.

"Early Choctaw History". https://www.nps.gov/natr/learn/historyculture/choctaw.htm.

Feller, Daniel. The Public Lands in Jacksonian Politics. Madison: University of Wisconsin Press.

Freeling, William. "John Tyler: The American Franchise". https://millercenter.org/president/tyler/the-american-franchise.

"General Jesup". http://johnhorse.com/trail/02/c/01.htm.

Genovese, Michael A. & Landry, Alysa. US Presidents and the Destruction of the Native American Nations (The Evolving American Presidency). Palgrave Macmillian, 2021.

Getchell, Michelle. "Indian Removal". Khan Academy. https://www.khanacademy.org/humanities/us-history/the-early-republic/age-of-jackson/a/indian-removal.

Grose, B. Donald. "Edwin Forrest, 'Metamora,' and the Indian Removal Act of 1830". Theatre Journal, vol. 37, no. 2, 1985, pp. 181–91. JSTOR, https://doi.org/10.2307/3207064.

Haveman, Christopher. "Creek Indian Removal". http://encyclopediaofalabama.org/article/h-2013.

Henig, Gerald S. "The Jacksonian Attitude Toward Abolitionism in the 1830s". Tennessee Historical Quarterly, vol. 28, no. 1, 1969, pp. 42–56. JSTOR, http://www.jstor.org/stable/42623057.

Hershberger, Mary. "Mobilizing Women, Anticipating Abolition: The Struggle against Indian Removal in the 1830s". The Journal of American History, vol. 86, no. 1, 1999, pp. 15–40. JSTOR, https://www.jstor.org/stable/2567405. Consultado el 7 de octubre de 2022.

Hickman, Kennedy. "American Revolution: Major General Anthony Wayne". ThoughtCo, 28 de Agosto de 2020, https://thoughtco.com/major-general-anthony-wayne-2360619.

Higginbotham, William. "Trail of Tears, Death Toll Myths Dispelled". The Oklahoman, 1988. https://www.oklahoman.com/story/news/1988/02/28/trail-of-tears-death-toll-myths-dispelled/62660437007/.

"History: Chickasaw Nation". https://www.chickasaw.net/our-nation/history.aspx.

Hryniewicki, Richard J. "The Creek Treaty of Washington, 1826". The Georgia Historical Quarterly, vol. 48, no. 4, 1964, pp. 425–41. JSTOR, http://www.jstor.org/stable/40578419.

Consultado el 14 de octubre de 2022.

"Introduction". https://www.semtribe.com/stof/history/introduction.

Jefferson, Thomas. Notes on the State of Virginia. University of North Carolina, 1982 (originally published in 1785). https://www.jstor.org/stable/10.5149/9780807899809_jefferson.

Johansen, Bruce. "Jacksonian Indian Policy, 1818–1832". https://americanindian2-abc-clio-com.ezproxy.liberty.edu/Search/Display/2219984.

"John Ross: Principal Chief of the Cherokee People". https://tnmuseum.org/junior-curators/posts/john-ross-principal-chief-of-the-cherokee-people.

"Jumper, John (ca. 1820–1896)". The Encyclopedia of Oklahoma History and Culture. https://www.okhistory.org/publications/enc/entry?entry=JU002.

Keating, Jessica. "The Assimilation, Removal, and Elimination of American Indians". The McGraph Institute for Church Life, (2020). https://mcgrath.nd.edu/assets/390540/expert_guide_on_the_assimilation_removal_and_elimination_of_native_americans.pdf

Kennedy, Roger. "Jefferson and the Indians". The University of Chicago Press, Vol. 27, No. 2/3. (1992). https://www.jstor.org/stable/1181368.

Kievit, Joyce Ann. "Treaty of Dancing Rabbit Creek". The American Mosaic: The American Indian Experience. https://americanindian2-abc-clio-com.ezproxy.liberty.edu/Search/Display/1670319.

Knox, Henry. "To George Washington from Henry Knox". https://founders.archives.gov/documents/Washington/05-04-02-0353.

Landry, Alysa. "Martin Van Buren: The Force Behind the Trail of Tears". (2018). ICT. An Independent Nonprofit News Enterprise. https://indiancountrytoday.com/archive/martin-van-buren-the-force-behind-the-trail-of-tears.

Little, Becky. "How Boarding Schools Tried to 'Kill the Indian' Through Assimilation". History (2018): Web. https://www.history.com/news/how-boarding-schools-tried-to-kill-the-indian-through-assimilation.

Littlefield, Daniel F. "Cherokee Removal". The American Mosaic: The American Indian Experience. https://americanindian2-abc-clio-com.ezproxy.liberty.edu/Search/Display/1595705.

Marszalek, John F. "Sherman, William Tecumseh (1820-1891)". Encyclopedia of the Great Plains, (2011) University of Nebraska. http://plainshumanities.unl.edu/encyclopedia/doc/egp.war.043.

"May 28, 1830 CE: Indian Removal Act". https://education.nationalgeographic.org/resource/indian-removal-act.

McIver, Stuart. "Bring Me the Head of Osceola". Sun Sentinel. https://www.sun-sentinel.com/news/fl-xpm-1988-01-31-8801070155-story.html.

"Memorial of the Cherokee, 1829". http://recordsofrights.org/records/39/memorial-of-the-cherokee.

"Native American History Timeline". https://www.history.com/topics/native-american-history/native-american-timeline.

"Native American Issues Today: Current Problems & Struggles 2022". http://www.powwows.com/issues-and-problems-facing-native-americans-today.

"Native American Life Today: Understanding the Destruction". https://pages.nativehope.com/native-americans-today#chp1.

"Native Americans". https://www.mountvernon.org/george-washington/native-americans/.

Niderost, Eric. "A Massacre of U.S. Soldiers Started the Second Seminole War". Warfare History Network, (2022) Vol. 22, No. 3. https://warfarehistorynetwork.com/article/a-massacre-of-u-s-soldiers-started-the-second-seminole-war/ .

Pauls, Elizabeth Prine. "Trail of Tears". Encyclopedia Britannica, 28 de marzo de 2022, https://www.britannica.com/event/Trail-of-Tears. Consultado el 24 de agosto de 2022.

Petrini, Andrea R. "The Enlightenment of Thomas Jefferson". https://elonuniversity.contentdm.oclc.org/digital/collection/p15446coll2/id/11/.

Pruitt, Sarah. "Broken Treaties with Native American Tribes: Timeline". https://www.history.com/news/native-american-broken-treaties.

Pulley, Angela. "Elias Boudinot". New Georgia Encyclopedia, 03 de septiembre de 2002, https://www.georgiaencyclopedia.org/articles/history-archaeology/elias-boudinot-ca-1804-1839/.

"Report of Henry Knox on the Northwestern Indians". https://pages.uoregon.edu/mjdennis/courses/hist469_Knox.htm.

"Seminole History". https://dos.myflorida.com/florida-facts/florida-history/seminole-history/

"The Creek War of 1836 in Alabama, Georgia, and Florida". https://exploresouthernhistory.com/secondcreekwar.html.

"The Muscogee (Creek) Nation – Legends of America". https://www.legendsofamerica.com/na-creek/.

"The Seminole Wars". https://seminolenationmuseum.org/history-seminole-nation-the-seminole-wars/

"The Trail of Tears: They Knew It Was Wrong". Video. https://youtu.be/qalhDKLrWEQ.

"Third Seminole War". https://www.u-s-history.com/pages/h1156.html.

"Trail of Tears: Creek Dissolution" (2002). https://www.liquisearch.com/trail_of_tears/creek_dissolution.

Warren, Michael. "Dade's Massacre Reenacts Start of Second Seminole War". https://floridatraveler.com/dades-massacre-recalls-seminole-history/.

Watts, Jennifer. "John Ross: Principal Chief of the Cherokee People". https://tnmuseum.org/junior-curators/posts/john-ross-principal-chief-of-the-cherokee-people?locale=en_us.

"Westward Expansion (1807-1912): Land Policy and Speculation". https://www.sparknotes.com/history/american/westwardexpansion/section2/.

www.ingramcontent.com/pod-product-compliance
Lightning Source LLC
Chambersburg PA
CBHW072344090426
42741CB00012B/2920